Südafrikanisch kochen

Die Autoren

Hans-Ulrich Stauffer, geboren 1951, befasst sich seit Ende der sechziger Jahre mit Entwicklungsfragen und ist in der Afrika-Solidaritätsarbeit tätig. Zahlreiche Reisen führten ihn ins südliche, westliche und an das Horn von Afrika. Er ist Redakteur der Zeitschrift »Afrika-Bulletin«, die seit 1976 vom Afrika-Komitee herausgegeben wird, und Rechtsanwalt mit eigener Praxis in Basel.

Hanspeter Fontana, Jahrgang 1955, verbrachte nach seiner Kochlehre in St. Moritz einige Zeit in der Hotellerie im Ausland, so auch in Durban und Johannesburg. Nach Abschluss der Hotelfachschule Luzern lebt er in Basel und ist seit 1996 Pächter des traditionellen Restaurants »Safran Zunft« (www.safran-zunft.ch).

Hans-Ulrich Stauffer / Hanspeter Fontana

◆

Südafrikanisch kochen

Gerichte und ihre Geschichte

◆

Verlag Die Werkstatt · Edition d i á

Die Deutsche Bibliothek – CIP-Einheitsaufnahme

Ein Titeldatensatz für diese Publikation ist bei
Der Deutschen Bibliothek erhältlich.

Die Erstausgabe unter dem Titel »Südafrikanische
Küche« erschien im Elster Verlag und Rio Verlag.
© 1997 Rio Verlag und Medienagentur AG, 8008 Zürich
Für die vorliegende Ausgabe wurden Text und Rezepte
durchgesehen und ergänzt.

2   3   2004

© 2002 Verlag Die Werkstatt GmbH
Lotzestraße 24a, D-37083 Göttingen
www.werkstatt-verlag.de
Dieses Buch erscheint in der Reihe
»Gerichte und ihre Geschichte«
der Edition diá (www.editiondia.de).
Alle Rechte vorbehalten

Redaktion und Überarbeitung: Kai Precht, Berlin
Lektorat: Ocka Caremi, Berlin
Fotos: Alain Proust, Kapstadt
Zeichnungen: Ivonne Trenkel (mit Ausnahme Seite 50:
Jeanne Peter, Zürich)

Satz und Gestaltung: Verlag Die Werkstatt, Göttingen
Druck und Bindung: Westermann Druck, Zwickau

ISBN 3-89533-369-7

Inhalt

Die südafrikanische Küche

Tradition und Veränderung

Wenn ich zurückblicke, erfüllt mich manchmal Sehnsucht und ein starkes Verlangen nach dem frischen Geruch der Speisen, die meine Großmutter zuzubereiten pflegte. Bis ans Ende meines Lebens werde ich in Erinnerung behalten, wie das Brot duftete, das sie frühmorgens in irdenen Formen dem im Freien stehenden Tonofen entnahm. Sie mahlte die Weizenkörner und knetete das braune Vollkornmehl, um daraus die besten Brötchen herzustellen, die je von einer Großmutter gemacht wurden. Auf den Flammen, die aus getrocknetem hartem Kuhdung schlugen, buk sie die knusprigen Kekse, auf die meine ältere Schwester und die Kinder unserer erweiterten Familie ungeduldig und mit wässrigem Mund warteten. Rind-, Schaf- oder Pferdefleisch wurde manchmal auf der abgebrannten Glut gebraten, mit nur wenig oder gar keinem Salz. Damals litten wir Kinder nie unter so lästigen Beschwerden wie Blähungen, Verstopfung oder Sodbrennen. Erst als wir nach Johannesburg zurückgekehrt waren und wieder Leckereien wie süße Kekse, Schokolade, Kuchen und Kaugummis in uns hineinstopften, verbrachten wir schlaflose Nächte mit Bauchweh und bekamen Zahnschmerzen.

Der Duft des Brotes

Meine Großmutter war eine Heilerin, eine *Ngaka*, wie die Sotho, oder *Inyanga*, wie die Nguni sie nennen. Sie verbrachte viel Zeit im Freien auf der Suche nach verschiedenen Kräutern, Wurzeln und Rinden von Bäumen und Sträuchern, die sie zur Heilung ihrer Patienten benötigte.

Kräuter, Wurzeln, Rinden

Meistens nahm sie mich mit auf ihre endlosen Wanderungen durch die Hügel, über Berghänge und in Täler. Während sie im Boden nach ihren heilkräftigen Geheimnissen grub, hielt sie mich mit dem Sammeln von Moroho oder Theepe beschäftigt, was ich gerne akzeptierte. Moroho ist eine sehr beliebte traditionelle Pflanze, die in unzähligen Variationen und praktisch im ganzen südlichen Afrika vorkommt. Es brauchte Geduld, Geschicklichkeit und ein flinkes Auge, um die richtige Pflanze zu finden.

Auch Theepe, eine auf dem Land beliebte Varietät von Moroho, ist eine fruchtbare Pflanze, die oft zwischen Unkraut und Gräsern gedeiht. Sie muss unter oder inmitten anderer kräftigerer und besser sichtbarer Pflanzen ausfindig gemacht werden, unter deren Fülle sie verschwindet. Ihre zarten essbaren Blätter werden zwischen Daumen und Zeigefinger abgezwickt. Die obersten, die nah am Stiel sprießen, können zu leckeren Gerichten zubereitet werden und schmecken am besten. Sie müssen an einem feuchten Ort aufbewahrt werden, wo sie vor direkter Sonnenbestrahlung geschützt sind, da sie schnell welken, wenn sie der Hitze ausgesetzt sind. An der Sonne schrumpeln sie, werden schlaff und leblos und verlieren ihre saftige Frische. Wenn man sie kocht, fallen die Theepe-Blätter rasch in sich zusammen und ihr Umfang reduziert sich auf einen kleinen Teil ihres ursprünglichen Volumens. Im nördlichen Transvaal, in einer feuchteren, subtropischen Umgebung – bei den Pedi, Shangaan und Venda – werden die zarten jungen Blätter des Kürbis und anderer Moroho-Arten noch verfeinert, indem Erdnüsse beigegeben werden, die dort in großer Zahl wachsen.

Ernährungsgewohnheiten der schwarzen Südafrikaner

Wenn man sich mit den Ernährungsgewohnheiten von Schwarzen und Weißen in Südafrika befasst, muss man sich Gedanken darüber machen, weshalb es so große Unterschiede zwischen diesen beiden Bevölkerungsgruppen gibt. Ich möchte mich zuerst der schwarzafrikanischen Seite zuwenden, die die überwältigende Mehrheit der Bevölkerung ausmacht.

Es ist noch nicht lange her, da bestanden ausgeprägte Unterschiede zwischen dem afrikanischen Lebensstil der städtischen Gebiete, der so genannten weißen Gebiete, und demjenigen des ländlichen Raumes. Diese Unterschiede werden immer kleiner, da immer mehr Menschen städtische Lebensweisen annehmen. Die zunehmende Verstädterung ist in den letzten Jahren durch mehrere Faktoren verstärkt worden: durch die Suche nach Arbeit, durch das Bestreben nach Verbesserung des Lebensstandards, durch wiederholte Dürreperioden im ganzen südlichen Afrika, durch die Abschaffung der strikten Zuwanderungskontrollen und anderes.

Auf dem Land, wo die Menschen hauptsächlich von der Landwirtschaft leben – sei es für den eigenen Bedarf, sei es für den Verkauf auf dem Markt –, wurden die Traditionen in Wahl und Zubereitung vieler Gerichte beibehalten. Dagegen haben die Bewohner der städtischen Regionen, die in engerem Kontakt mit den Weißen standen, »westlichere« Essgewohnheiten übernommen. Allerdings haben die Verbreitung moderner Kommunikationsmittel wie der Rundfunk mit seinen Ernährungsfragen gewidmeten Sendungen und die im Vergleich zu früher erleichterte Mobilität dazu beigetragen, dass auch auf dem Land westliche Essgewohnheiten Einzug gehalten haben.

Im Großen und Ganzen ernährt sich selbst in den städtischen Gebieten, wo Schwarze und Weiße auf engem Raum zusammen arbeiten und leben, nur die eine der beiden Gruppen gut und gesund (von den erwähnten Süßigkeiten einmal abgesehen), weil alles davon abhängt, ob jemand sich qualitativ gutes Essen finanziell leisten kann. Es ist deshalb nicht weiter erstaunlich, dass auch Schwarze in den so genannten weißen Gebieten sich anders ernähren als Weiße.

Das Grundnahrungsmittel *Mealie Pap,* ein steifer weißer Maisbrei, wird nach wie vor zu allen Mahlzeiten schwarzer Familien sowohl im städtischen wie ländlichen Umfeld serviert. Das Hauptkriterium für die Wahl eines bestimmten Gerichtes ist für die meisten aber immer noch, was sie sich leisten oder eben nicht leisten können; dadurch ist bestimmt, welche Zutaten in welcher Menge und in welcher Vielfalt eingekauft und als Mahlzeit auf

Mealie Pap, das Grundnahrungsmittel

Kochen und Einkaufen sind Frauensache

den Tisch gestellt werden können beziehungsweise wie viel Abwechslung möglich ist.

Sowohl im städtischen als auch im ländlichen Gebiet sind es nach wie vor die Frauen und Mädchen, die das Essen zubereiten. Es ist äußerst selten, dass man auf einen Mann stößt, der seine Zeit in der Küche verbringt, um für seine Familie zu kochen. Es gibt zwar Männer, die dies gerne tun, meistens handelt es sich dann aber um Berufsköche. Viele afrikanische Frauen haben wenig Vertrauen in männliche Küchenaktivitäten. Zwar begleiten heute immer mehr Männer ihre Frauen zum Einkaufen in den Supermarkt, die Frauen haben aber feststellen müssen, dass nur wenige Männer in der Lage sind, die richtigen Nahrungsmittel auszuwählen. Überlegungen der Art, wie viel Geld für eine Ware ausgegeben werden kann, wie viel von einer Zutat man für ein bestimmtes Gericht braucht, was benötigt wird, was praktisch ist, Etiketten lesen, um eine sorgfältige Wahl treffen zu können – all dies erledigen Frauen und Mädchen einfach besser. So sind es denn im Allgemeinen die Frauen und Mädchen, die sich in einer afrikanischen Familie ums Essen kümmern.

Und weil für die Nahrungszubereitung ein klares Urteil nötig ist und man sich zu helfen wissen muss – besonders wenn das Geld knapp ist –, werden Mädchen schon früh in die Kunst eingeführt, effizient und wohl überlegt zu handeln. In vielen dieser schwarzen Familien gibt es weder Kühlschrank noch Tiefkühltruhe. Um Vergeudung zu vermeiden, will deshalb sorgfältig überlegt sein, welche Nahrungsmittel frisch aufbewahrt werden können und welche nicht. Männer gelten bei den Frauen in diesen Dingen als unbekümmert; sie neigen zu nachlässigem oder sogar verschwenderischem Umgang mit Nahrung. Ich frage mich oft, ob manche Männer absichtlich alles herumliegen lassen, wenn sie einmal die Küche benutzt haben, quasi um sicherzugehen, dass ihnen diese Aufgabe nie wieder anvertraut wird …

Was wir aßen und essen, denn bis zu einem gewissen Grad trifft das auch heute noch zu, wird von der natürlichen Umgebung beeinflusst: von den Pflanzen und von der Fauna der verschiedenen Regionen unseres Subkontinents. Außerdem sind bestimmte Zubereitungsarten von Speisen traditionell überliefert. Deswegen ist zum Beispiel die Zubereitungsart von Maisbrei im nördlichen Transvaal anders als im Oranje-Freistaat oder im benachbarten Lesotho, obwohl er seit langer Zeit das gemeinsame Grundnahrungsmittel der schwarzen Bevölkerung ist. Manche essen ihre weiße Polenta lieber dünner und ohne Salz, während andere sie gesalzen und fester vorziehen. Die meisten Schwarzafrikaner des östlichen und westlichen Kaps bevorzugen *Mngushu* als ihr Getreidegericht. In der Provinz Gauteng, wo viele verschiedene Stammesgruppen seit geraumer Zeit zusammenleben, trifft man alle Arten von Vorlieben für Grundnahrungsmittel; die wichtigsten sind Maisbrei und *Ting* der Tswana.

Häufigste Beilage zum Maisbrei ist die Kartoffel, die einen wichtigen Platz auf dem Speisezettel einnimmt, obwohl sie, wie der Mais übrigens auch, gar nicht einheimischer Herkunft ist. Es wird angenommen, dass bereits Jan van Riebeck 1652 bei seiner Landung am Kap Kartoffeln an Bord hatte, die dann von den ersten holländischen Siedlern für die Versorgung der Schiffe angepflanzt wurden. Im Bewusstsein der afrikanischen Bevölkerung dagegen ist die Kartoffel, die sich rasch verbreitete und sehr beliebt wurde, ein traditionelles Gewächs. Viele schwarzafrikanische Frauen fügen Kartoffelscheiben bei, um ihre Moroho-Gerichte nahrhafter zu machen. Das am weitesten verbreitete Menü, das die meisten südafrikanischen Schwarzen täglich zu sich nehmen, besteht aus mehr oder weniger dickem Maisbrei, Fleisch und Kartoffeln.

Tatsächlich lässt sich die Bedeutung der Kartoffel für den Alltag der Bevölkerung leicht am Beispiel einer historischen Begebenheit aus dem Widerstandskampf der schwarzen Bevölkerung gegen die weiße Vorherrschaft in Südafrika zeigen:

Der Siegeszug der Kartoffel

Der Kartoffel-Boykott von 1956

dem 1956 vom ANC initiierten »Kartoffel-Boykott«. Dieser wurde ausgerufen, nachdem einer der bekanntesten südafrikanischen Journalisten, Henry Nxumalo, einen Artikel im »Drum Magazine« veröffentlicht hatte. In diesem machte er die Leserschaft in ganz Südafrika und im Ausland auf die grauenvollen und menschenunwürdigen Bedingungen aufmerksam, unter denen Arbeiter auf den Kartoffelplantagen von Bethal im östlichen Transvaal leben und arbeiten mussten. Neben anderen Ungeheuerlichkeiten wurden die Arbeiter dazu gezwungen, Kartoffeln mit bloßen Händen auszugraben. Es wurden Bilder von den zerschundenen Handflächen und Fingern gezeigt sowie von anderen Verletzungen, die diese Arbeiter erlitten hatten. Die burischen Farmer, denen riesige Plantagen gehörten, »kauften« oft Häftlinge, die wegen geringfügiger Übertretung der Passgesetze inhaftiert worden waren – und das waren viele Tausende –, und wurden reich dank dieses teuflischen Systems.

Tatsächlich war der Kartoffelanbau auf Großplantagen ein Vielmillionen-Geschäft, das märchenhafte Gewinne abwarf, besonders auch wegen des großen Kartoffelverbrauchs der schwarzen Bevölkerung, deren Kaufkraft offensichtlich ins Gewicht fiel. Als nun Hunderttausende – und zwar weit über die Anhängerschaft des ANC hinaus – dem Boykottaufruf Folge leisteten und keine Kartoffeln mehr kauften, wurden viele Führer und Beteiligte verhaftet und ins Gefängnis geworfen. Unter ihnen befanden sich auch Nxumalo und andere Journalisten. Aber das Volk hatte seinen Protest zum Ausdruck gebracht und der Kartoffelbranche einen schweren Schlag versetzt. Erst wenn man in Betracht zieht, dass die Menschen im ganzen Land auf ihre liebste Beilage verzichteten, kann man das große Engagement der Beteiligten ermessen.

Fleisch und Fleischersatz

Die Mehrheit der afrikanischen Bevölkerung des Subkontinents isst gerne Fleisch. Unsere »gewöhnlichen« alltäglichen Mahlzeiten setzen sich aus folgenden Bestandteilen zusammen: dem *Mealie Pap*, einer Gemüsebeilage (normalerweise Kartoffeln) und Fleisch (meistens Rind, Huhn,

Schaf oder Schwein). Üblicherweise wird zu Maisbrei und Fleischgerichten eine separat aus gedünsteten Zwiebeln und Tomaten zubereitete Sauce serviert. Zur Abwechslung nehmen die meisten Familien zu ihrem Maisbrei auch einmal Sauermilch, Frischmilch, in Öl oder Fett gebratene Eier oder leicht erhältliches Gemüse wie Bohnen oder Erbsen als Ersatz für Fleisch. Die Südsotho essen Moroho als Fleischersatz, das für die Tswana Morogo heißt. Das Blattgemüse Moroho war vor der Ankunft der weißen Siedler ein seit Jahrhunderten bekanntes lokales Grundnahrungsmittel. Kürzlich haben Ökonomen und Farmer, denen die Beliebtheit von Moroho vor allem bei der ländlichen Bevölkerung bekannt ist, die sich nicht jeden Tag Fleisch zu ihrem Maisbrei leisten kann, mit der Zucht von Moroho in Pflanzenschulen begonnen. Das populäre Theepe, eine Spezies von Moroho, wird in der Provinz Oranje-Freistaat bereits mit Erfolg angepflanzt.

In einigen Gebieten können die afrikanischen Frauen ihr Moroho von den Straßenverkäuferinnen oder in Gemüseläden kaufen und müssen nicht mehr die Hügel und Täler auf der Suche danach durchstreifen. In Lesotho haben die Leute seit kurzem begonnen es selbst in ihren Gärten anzupflanzen.

In den Betonlandschaften der Städte ersetzen die afrikanischen Frauen Moroho auch durch die Blätter der Runkelrübe, durch Spinat oder Kohl. In der Provinz Lebowa im nördlichen Transvaal oder in Venda pflücken die Frauen junge Kürbisblätter, die sie trocknen und für die Wintermonate aufbewahren. Für mich, die ich bei meiner Großmutter aufgewachsen bin, die immer in Lesotho, im Oranje-Freistaat und in Gauteng unterwegs war, sind die verschiedenen Moroho-Arten wie Theepe, Sepaile, Qhela und Lepu nicht ersetzbar und schmecken auch viel besser als ihre städtischen Ersatzprodukte. Immer wenn ich in diese Gegenden komme, ergreife ich die seltene Gelegenheit, diese Moroho-Arten zu meinem *Bohope* (Brei) zu essen.

In vielen Fällen hing die Nahrung aber nicht so sehr von der eigenen Wahl oder vom persönlichen

Das »Dienstbotenfleisch«

Geschmack ab. Tausende von Schwarzen, die zusammen mit Weißen als Angestellte in deren Häusern lebten und arbeiteten, mussten essen – und dies bis in die jüngste Vergangenheit –, was sie unter sich als Hundefutter oder Hundefleisch bezeichneten. In einigen Metzgereien in Johannesburg konnte man auf dem Ladentisch vorverpackte Rind-, Schweine- oder Schaffleischportionen sehen, deren Inhalt vor allem aus Knochen, Sehnen oder Fett bestand und mit »Dienstbotenfleisch« ausgezeichnet war!

Nach dem Ende der Apartheid

Im Lebensstil der gesamten schwarzen Bevölkerung haben in den letzten Jahren markante Veränderungen stattgefunden. Supermärkte, perfekt ausgestattet mit ihren Regalen, den Einkaufswägelchen, den Körben und Kassen mit ihrer klingelnden Elektronik, sind selbst in den entlegensten ländlichen Gegenden anzutreffen. Ein vielfältiges Angebot an konservierten, industriell verarbeiteten Nahrungsmitteln füllt die Gestelle mit Flaschen, Schachteln, Paketen und Dosen. Konsumiert werden diese Produkte in erster Linie von schwarzen Afrikanerinnen und Afrikanern, die in den seltensten Fällen Bescheid wissen über die schädlichen Anteile an Konservierungsmitteln und anderen chemischen Zusätzen, die in solchen Waren enthalten sind. In den städtischen Gebieten ist denn auch eine starke Zunahme von Krankheiten wie Bluthochdruck, Diabetes usw. zu beobachten, die auf die Übernahme westlicher Essgewohnheiten durch die schwarze Bevölkerung zurückzuführen ist. Auf dem Land ist die Zahl der an diesen »wohlstandsbedingten« Krankheiten leidenden Afrikanerinnen und Afrikaner deutlich geringer. Auch sollen auf dem Land weniger Fälle von Zahnzerfall vorkommen.

Aufgrund der Kolonialisierung ist es unvermeidlich, dass wir uns heute in einer Übergangsphase befinden. Wir können nicht einfach in unser vorkoloniales Leben zurückkehren. Deshalb sind die Gerichte, die wir essen, weitgehend durch die Gewohnheiten unserer ehemaligen Kolonisatoren bestimmt, aber auch durch andere Völker, mit denen wir über längere Zeiträume in engem Kontakt gelebt haben, wie zum Beispiel den Malaien, den Indern und – vielleicht weniger prägend – den Portugiesen.

Die Mehrheit der weißen Bevölkerung Südafrikas sind Nachfahren europäischer Nationen. Wenn ich richtig orientiert bin, unterscheidet sich das Essen der weißen Bevölkerung leicht von Familie zu Familie, je nachdem, ob jemand eine Vorliebe für die Küche bestimmter Nationen hat, wie die französische, griechische, portugiesische oder holländische (bzw. burische). Es gibt aber auch eine ganze Anzahl von Gerichten, die alle Bevölkerungsgruppen Südafrikas gern essen, unabhängig davon, aus welcher Ethnie sie stammen.

Weil Südafrika wegen seiner Apartheidpolitik so lange von der übrigen Welt abgeschnitten war, gibt es weniger Spezialitätenrestaurants als anderswo. Gewisse Nahrungsmittel erhält man praktisch nur in den vornehmen Fünf-Sterne-Hotels, deren Buffets auch die verwöhntesten Gaumen mit allen möglichen Leckereien zufrieden stellen können. Ich selbst habe erst durch meine Reisen nach England, dem übrigen Europa, Amerika, Australien und Japan realisiert, wie sehr wir in Südafrika der Möglichkeit beraubt waren, internationale Gerichte kennen zu lernen. Ich geriet mehrmals in Verlegenheit, wenn ich von meinen Gastgeberinnen und Gastgebern »draußen« gefragt wurde, ob ich die chinesische, französische, italienische, indonesische, äthiopische, griechische oder indische Küche vorziehe. Sie gingen eben davon aus, dass Gerichte aus diesen Ländern in Südafrika erhältlich waren.

Die Tradition des Auswärts-Essens, die andernorts gang und gäbe ist, lag und liegt für die Mehrzahl der schwarzen Afrikanerinnen und Afrikaner in Südafrika auch heute noch jenseits ihrer finanziellen Möglichkeiten. In den meisten Familien sind ein Dessert oder Salate »Luxusgüter«, die höchstens am Wochenende, zu einer Party oder zu einer anderen Festlichkeit serviert werden.

Die Küchen der Welt waren unbekannt

Einige, die wie ich traditionell von einer Großmutter aufgezogen wurden, bedauern manchmal das Ausmaß, in dem wir weiße Gepflogenheiten bei der Zusammenstellung und Zubereitung unserer Mahlzeiten übernommen haben, besonders wenn sie realisieren, wie gesundheitsschädigend diese Ernährungsgewohnheiten sein können.

Integration an den Schulen

Aber vieles beginnt sich zu verändern. Hier in Soweto höre ich oft, wie die Großmütter über die Essgewohnheiten ihrer Enkelkinder schimpfen. Einige dieser Kinder besuchen heute integrierte Schulen, wo sie die Essgewohnheiten und Werte der weißen Kinder kennen lernen. Im neuen Südafrika, in dem jetzt ein einheitliches Schulsystem aufgebaut werden kann, werden die Geschmäcker und Vorlieben für bestimmte Speisen unweigerlich differenzierter werden. Die heute verbreitete Gewohnheit, mehr oder weniger wahllos stärke- und kohlenhydratreiche Speisen zu sich zu nehmen, wird sich mit der bewussten Wahrnehmung der Ernährung verändern. Je mehr die Menschen über die Gefahren wissen, die mit wahllosem Essen verbunden sind, desto eher werden Erscheinungen wie Fettleibigkeit zurückgehen und desto eher wird sich der allgemeine Gesundheitszustand der Bevölkerung verbessern ... das hoffe ich jedenfalls.

Miriam Tali
Übersetzung und Bearbeitung: Barbara Müller

Land und Leute

Südafrika, das »schönste Ende der Welt«, liegt im äußersten Süden des afrikanischen Kontinents und grenzt an Namibia, Botswana, Simbabwe und Mosambik. Im Inneren des Landes liegen die Königreiche Lesotho und Swaziland.

Seit rund 10.000 Jahren leben in diesem Teil der Welt die San (Buschmänner), die damit als die eigentlichen Ureinwohner Südafrikas und die diskriminierte Bevölkerungsgruppe schlechthin gelten können, seit etwa 2.000 Jahren die Khoikhoi – von den weißen Siedlern abschätzig auch Hottentotten genannt – und seit etwa 700 Jahren die Nguni (später Xhosa und Zulu) an den Küsten der heutigen Provinz KwaZulu Natal. Im 15. Jahrhundert trafen die ersten europäischen Seefahrer ein, aber erst 200 Jahre später begann die eigentliche »Inbesitznahme« des Landes – und der dort lebenden Menschen – durch die Weißen. 1652 landete der Seefahrer Jan van Riebeck in der Tafelbucht beim heutigen Kapstadt und errichtete einen niederländischen Handelsposten. In den folgenden Jahren kamen vor allem holländische und deutsche Siedler ins Land. Sie nannten sich selbst Buren und ihre Sprache, eine Nebenform des Niederländischen, Afrikaans.

1795 löste die Ankunft britischer Truppen einen zunächst rein weißen Konflikt zwischen Niederländern und Engländern aus. Anfang des 19. Jahrhunderts übernahmen die Engländer endgültig die Herrschaft, erklärten Englisch zur offiziellen Landessprache und schafften 1834 die Sklaverei ab. Aus Protest zogen viele Tausend Buren in einem großen Treck ins Landesinnere. Die so genannten Voortrekker unterwarfen die dort lebenden Xhosa- und Zulu-Stämme und gründeten eigene Republiken. Nach den mit einem englischen Sieg endenden Burenkriegen wurden diese Republiken mit der Kap-Kolonie und Natal im Jahr 1910 zur »Südafrikanischen Union« zusammengeschlossen.

Geschichte und Politik

Der Sklaverei folgt die Apartheid

Neu eingeführte Gesetze beschnitten die Rechte der schwarzen Bevölkerungsmehrheit, 7,3 Prozent der Fläche Südafrikas wurden zu Reservationen für Schwarze erklärt, die außerhalb dieser Gebiete kein Land erwerben durften. Seit 1948 setzte die weiße Regierung unter dem burischen Namen »Apartheid« eine Politik der strikten Rassentrennung durch, Millionen Schwarze wurden zwangsweise in *homelands* umgesiedelt und von den Wahlen ausgeschlossen.

Das »Wunder am Kap«

1994 wurde die 342 Jahre andauernde weiße Vorherrschaft gebrochen. Seit den ersten allgemeinen und freien Wahlen befindet sich Südafrika auf dem schwierigen und weiten Weg eines Vielvölkerstaates im Wandel. Es ist also noch nicht lange her, dass mit dem »Wunder am Kap«, der Wahl Nelson Mandelas zum ersten demokratisch legitimierten Präsidenten, die Apartheid offiziell beendet werden konnte.

1999 übergab Nelson Mandela sein Amt an Thabo Mbeki, der die Politik der Versöhnung fortführt und dessen vordringlichste Aufgabe es heute ist, die hohe Arbeitslosigkeit und die steigende Kriminalität zu bekämpfen – mit Tausenden von Mordopfern pro Jahr erreicht Südafrika eine Quote, die ein Vielfaches der Quote mancher Bürgerkriegsgebiete beträgt. Ein weiterer nicht zu unterschätzender Faktor, der das Zusammenleben der Menschen und die wirtschaftliche und gesellschaftliche Entwicklung Südafrikas negativ beeinflusst, ist die ungeheuer hohe Aids-Infektionsrate von bis zu 30 Prozent der Gesamtbevölkerung (wobei sie im Wesentlichen den schwarzen Bevölkerungsanteil betrifft).

Gesellschaft

Südafrika ist mit 40 Millionen Menschen der bevölkerungsreichste Staat des südlichen Afrika, hier leben 30,6 Millionen Schwarze verschiedener Kulturen, 5 Millionen Weiße (englisch- und afrikaanssprachig), 3,4 Millionen Farbige und 1 Million Asiaten. Elf verschiedene Amtssprachen, darunter Sotho, Swazi, Zulu, Xhosa, Englisch und Afrikaans, spiegeln diese Vielfalt der Kulturen wider. Nachdem 1990 endlich die »Klassifizierung nach Rassen« und damit einhergehend die unterschiedlichen Rechte des Einzelnen abgeschafft wurden, kann Südafrika stolz darauf sein, eine »Regenbogennation« zu sein – wie vielleicht sonst nur die Vereinigten Staaten von Amerika.

Die größte Gruppe der Region bilden die Zulu (7 Millionen), die hauptsächlich in KwaZulu Natal leben, und die Xhosa (6 Millionen) aus der ehemaligen Transkei und Ciskei. Das kleinste Volk sind die Venda (500.000), die in der ehemaligen gleichnamigen Provinz leben. Die weißen Südafrikaner sind entweder britischer Abstammung (1,9 Millionen), ehemalige Portugiesen, Deutsche oder Holländer. Die meisten Südafrikaner indischer Herkunft leben ebenfalls in KwaZulu Natal.

Die mittlere Bevölkerungsdichte liegt in Südafrika bei 30 Einwohnern pro Quadratkilometer. Dabei ist der eher trockene Westen dünner besiedelt als der Osten. In den großen Ballungsräumen Johannesburg, Pretoria, Durban und Kapstadt leben über ein Drittel aller Einwohner des Landes.

Südafrika ist ein Land der Gegensätze, denn »Erste« und »Dritte« Welt leben fast übergangslos neben- und miteinander. Unweit der Luxushotels und reichen Vororte stehen die Wellblechhütten der armen schwarzen Bevölkerung. Diese Siedlungen, die so genannten *townships,* entstanden aufgrund der starken Landflucht um die großen Städte herum und waren ursprünglich als provisorische Unterkünfte für Billig- und Saisonarbeiter errichtet worden. Das bekannteste Beispiel dieser *townships* ist sicherlich Soweto.

Die Wohnbedingungen hier haben sich im Laufe der Zeit etwas gebessert, einige der Siedlungen sind mittlerweile mit Elektrizität, Schulen und Gemeindezentren versorgt. Doch die Lebensumstände der Einwohner können noch lange nicht als gut bezeichnet werden und die Menschen können bis heute keinen wesentlichen Fortschritt gegenüber den Zeiten der Apartheid feststellen. Auch wenn sie sich mittlerweile auf alle Parkbänke setzen und alle Busse benutzen dürfen, fehlen ihnen

Ein Land sozialer Gegensätze

schlichtweg die finanziellen Mittel, um ihre Lebenssituation grundlegend zu verändern.

Zum Teil herrschen, gerade was die Hausangestellten und den eher privaten Bereich der Wirtschaft betrifft, Verhältnisse wie zu Zeiten der Apartheid: Die Bezahlung reicht für nicht viel mehr als eine notdürftige Unterkunft und das notwendigste Essen aus. Es ist sicher eines der größten Probleme Südafrikas, der schwarzen Bevölkerungsmehrheit innerhalb einer zumutbaren Zeit das Gefühl zu vermitteln, dass das Ende der Apartheid auch für sie Vorteile gebracht hat – und nicht nur einer kleinen schwarzen Elite. Solange die Besitzverhältnisse so eindeutig sind, wie sie sind, wird auch die Bekämpfung der Kriminalität schwierig oder nahezu unmöglich sein.

Die Provinzen

Südafrika, etwa 1,2 Millionen Quadratkilometer groß, erstreckt sich über fast 2.000 Kilometer vom Limpop im Norden bis nach Cape Agulhas im Süden und über annähernd 1.500 Kilometer in West-Ost-Richtung. Es besteht aus drei charakteristischen geografischen Zonen: dem riesigen Binnenhochland (Highveld), den schmalen Küstenebenen (Lowveld) und dem Kalaharibecken. 3.000 Kilometer Küste am Atlantischen und Indischen Ozean, Blütenmeere in Namaqualand, der berühmte Kruger-Nationalpark, die Drakensberge, die Kalahari-Wüste und romantisch-liebliche Landstriche wie die Cape Winelands – Südafrikas Landschaften sind vielfältig und faszinierend. Das Straßennetz und die erstklassigen Hotels genügen hohen, europäischen Standards. Und die Metropolen Johannesburg, Kapstadt und Durban unterscheiden sich in nichts von anderen dieser Welt, locken mit Einkaufszentren, zahlreichen Sehenswürdigkeiten und Museen.

Kurz vor den entscheidenden Wahlen 1994 wurde Südafrika in neun Provinzen gegliedert: Gauteng, Nord-Provinz, Mpumalanga, Freistaat, KwaZulu Natal, Nord-West Provinz, Nord-Kap, Ost-Kap und West-Kap.

West-Kap

Das West-Kap reicht von Kapstadt im Südwesten bis zur Plettenberg Bay im Osten und fast bis nach

Garies im Norden. Hier begann die Eroberung und Besiedlung Südafrikas durch die Europäer.

Neben dem herrlich gelegenen Kapstadt, *Mother City* genannt, mit dem berühmten Tafelberg, der vorgelagerten Gefangeneninsel Robben Island, auf der Nelson Mandela etwa 30 Jahre seines Lebens verbringen musste, und dem Kap der Guten Hoffnung bietet diese Gegend eindrucksvolle Strände, berühmte Weinbaugebiete an der Wineroute, idyllische Landschaften an der Garden Route und großartige Möglichkeiten, Tiere zu beobachten, wie etwa das Paaren und Kalben der Wale unmittelbar in Küstennähe. Ein insgesamt faszinierendes Urlaubsgebiet – die Provinz West-Kap zieht nicht ohne Grund die meisten ausländischen Besucher an.

Gauteng (ausgesprochen Hauteng) liegt im Binnenhochland Südafrikas. In der Provinzhauptstadt Johannesburg leben 8 Millionen Menschen, viele davon in Soweto, dem *township*, in dem der Kampf gegen die Apartheid begann. Gauteng ist die flächenmäßig kleinste Provinz Südafrikas, hat aber bei weitem die höchste Bevölkerungsdichte und den mit Abstand größten Anteil am Gesamtbruttosozialprodukt. Gauteng ist damit die reichste Region Südafrikas und das wichtigste Industriegebiet südlich von Europa. Das Städtedreieck Pretoria, Johannesburg und Vereeniging hat Millionen von Gastarbeitern angelockt und es entstand eine gigantische Megapolis mit großem Reichtum, aber auch bitterster Armut in den *townships*.

Die Voortrekker zogen einst hierher, weil das Land fruchtbar war und riesige Weideflächen bot. Der Streit um die wertvollen Bodenschätze Gautengs war Auslöser mehrerer Kriege, vor allem zwischen den Buren und den Engländern, so 1877, als Diamanten, und 1899, als Gold gefunden wurde. Der Name Gauteng bedeutet »Platz des Goldes« – die Region war einst die größte Goldlagerstätte der Erde.

Mpumalanga, Land der aufgehenden Sonne, ist eines der beliebtesten Reiseziele in Südafrika. Hier liegt das heiße Lowveld mit großen Teilen des welt-

Gauteng

Mpumalanga

berühmten Kruger-Nationalparks, der atemberaubenden Bergwelt des Blyde River Canyons, saftig grünen Zitrusplantagen bei Nelspruit und ausgedehnten Forstgebieten bei Sabie in der Umgebung der Drakensberge. Die Panorama Route bietet Ausblicke auf eine herrliche Bergwelt und eindrucksvolle Wasserfälle. Mpumalanga wurde einst von den Voortrekkern mit ihren Ochsenkarren erschlossen und war später Anziehungspunkt für Gold- und Schatzsucher.

Freistaat

Die Provinz Freistaat liegt im Landesinneren zwischen den geschichtsträchtigen Flüssen Oranje und Vaal, die für die Voortrekker wichtige Grenzen waren. Die Provinz ist geprägt durch Landwirtschaft und Viehhaltung, die Dörfer und malerischen Städte haben zum Teil eine burische, etwas verschlafene Atmosphäre.

Der Vrystaat oder Free State hieß früher Oranje-Freistaat und erstreckt sich über die weiten Ebenen des südafrikanischen Hochplateaus. Im Osten ragen die bizarren Sandsteinformationen des Rooibergs in den Himmel; der westliche Teil der Provinz ist kahl und besteht aus hügeligem Weideland. Der Freistaat ist wegen seiner weiten fruchtbaren Flächen die Kornkammer Südafrikas. Hauptsächlich wird Mais und Weizen angebaut. In und um Welkom befinden sich bedeutende Goldminen, in denen 30 Prozent des südafrikanischen Goldes gefördert werden.

Bei Florisbed und Heilbron wurde einige der wichtigsten archäologischen und paläontologischen Funde gemacht. Hier im Freistaat befand sich die Hochburg der Apartheid; nicht nur Schwarzen, auch Indern war der Aufenthalt verboten. Trotzdem wurde 1912 hier der ANC gegründet.

Nord-Provinz

Die Nord-Provinz mit der Hauptstadt Pietersburg umfasst neben der Savanne auch subtropische Gebiete und lässt sich geografisch in drei Teile gliedern: den relativ trockenen Norden mit dem Limpopo; das Bushveld, in dem Landwirtschaft betrieben werden kann; und die fruchtbaren Hänge der bis zu 1.900 Meter hohen Soutpansberge mit großen Niederschlägen und vielen

Flüssen – hier kann es im Sommer schwül und drückend heiß werden.

Dem botanisch Interessierten bieten sich noch erhaltene subtropische Feuchtwaldgebiete, während im Norden uralte Affenbrotbäume zu bewundern sind, zum Beispiel der *Big Tree* mit einem Umfang von bis zu 43 Meter. Wer an afrikanischen Mythen interessiert ist, sollte in das Gebiet der Venda fahren, die bis heute an Naturgeister und verzauberte Plätze glauben wie den Heiligen Wald oder den Heiligen See. Ein wichtiger Wirtschaftszweig der Nordprovinz ist der Bergbau: Kohle, Gold, Platin, Kupfer.

Auch KwaZulu Natal hat viel zu bieten: die bis zu 3.000 Meter hohen Drakensberge, 18 verschiedene Nationalparks, eine lange, subtropische Küste, historische Schlachtfelder aus der Zeit der Burenkriege und im Zululand das »authentische« Südafrika – im bergigen Landesinneren leben die Zulu noch nach alten Sitten und Traditionen.

KwaZulu Natal

Ihren Namen erhielt die Provinz von Vasco da Gama, der 1497 zur Weihnachtszeit hier landete: *Natal* bedeutet Weihnachten. Mit 7,67 Millionen Einwohnern ist KwaZulu Natal heute die bevölkerungsreichste Provinz.

Im Nordwesten liegen die schönsten Nationalparks Südafrikas. Die 400 Kilometer langen Küsten am Indischen Ozean erlauben ganzjährigen Badebetrieb. Die Großstadt Durban mit indisch-orientalischem Flair ist ein Mekka für Surfer.

Die Nord-West-Provinz ist eine Region, in der die Landwirtschaft eine wichtige Rolle spielt und in der der größte Vergnügungskomplex der südlichen Hemisphere liegt, das Las Vegas Afrikas, Sun City. Die Nord-West-Provinz wird auch Platin-Provinz genannt: 50 Prozent der gesamten Platinmenge der Welt werden hier gefördert.

Nord-West-Provinz

Die Provinz gehört nicht gerade zu den ansprechenden Regionen Südafrikas. Die Sommer sind sehr heiß und trocken, die Winter zeichnen sich durch hohe Tag-Nacht-Unterschiede der Temperatur aus, nachts fällt das Thermometer auch unter den Gefrierpunkt.

In der Nord-West-Provinz lassen sich noch Felsmalereien der Ureinwohner, der Buschleute (San), finden. Bis zum Eindringen der Weißen war das Gebiet von den Tswana besiedelt. Die weißen Voortrekker verdrängten sie nach Norden in das heutige Botswana.

Nord-Kap

Das Nord-Kap ist mit einem Drittel des gesamten Staatsgebietes die größte Provinz Südafrikas, zugleich aber auch die am dünnsten besiedelte. Die Küsten des Atlantiks sind kahl und schroff, staubtrocken und heiß ziehen sich die roten Sandwüsten der Kalahari oder das weithin unpassierbare Richtersveld dahin. Die durchschnittliche Temperatur beträgt hier im Sommer 33° Celsius, aber auch 50° sind keine Seltenheit.

Das Nordkap wird vom Oranje-Fluss durchzogen, an dessen Ufern im Jahr 1866 Diamanten gefunden wurden. Wegen dieser Funde kam es zur Gründung der Stadt Kimberley, und Südafrika wurde vorübergehend zur Schatzkammer des Britischen Empires.

Ost-Kap

Die Provinz Ost-Kap besteht aus den ehemaligen *homelands* Transkei und Ciskei – ein schweres Erbe der Apartheid. Die Provinz hat auch heute noch mit den Problemen größter Armut zu kämpfen. Aus dem Ost-Kap stammen die wichtigsten Persönlichkeiten der Anti-Apartheidbewegung, wie Nelson Mandela und Thabo Mbeki. Im Vergleich zum West-Kap ist das Ost-Kap eine weitgehend unerschlossene Region mit 6,6 Millionen Einwohnern, ein großer Teil davon Xhosa.

Im Ost-Kap treffen vier Vegetationstypen aufeinander: subtropische Wälder, Fynobs-Vegetation, Graslandschaften und Dornbusch-Savanne. Dementsprechend vielfältig sind die Landschaften dieser Region: immergrüne Wälder wie im Tsitsikama-Nationalpark mit idealen Möglichkeiten zur Tierbeobachtung, grandiose Küstenregionen am Indischen Ozean wie die weißen Sandstrände an der Wild Coast und in Port Elizabeth oder die sanft gewellten Hügel im Landesinneren bei Grahamstown.

Wie in so vielen Bereichen ist Südafrika auch auf dem Gebiet der Ökonomie ein Land großer Gegensätze. In den Städten ist die Wirtschaft hoch entwickelt und stark industrialisiert, in ländlichen Gebieten hat sich vielerorts seit dem 19. Jahrhundert kaum etwas verändert. Dadurch entsteht ein gesellschaftlich gefährlicher Kontrast: Südafrika ist Industrie- und Entwicklungsland in einem und das soziale Gefälle innerhalb der Bevölkerung groß, gute Berufschancen und hohen Lebensstandard gibt es nur für einen Teil der Südafrikaner. Größte Armut (hauptsächlich in der schwarzen Bevölkerung) trotz der erfolgreichsten Wirtschaft des afrikanischen Kontinents – kaum ein anderes Land auf der Welt hat so extreme soziale Unterschiede aufzuweisen wie das südliche Afrika; das gilt auch und besonders für Namibia.

Das Land ist reich an Bodenschätzen: Südafrika ist der weltweit größte Lieferant für Gold, Platin und Chrom; 50 Prozent der Elektrizität, 40 Prozent der Industrieproduktion und 45 Prozent des Bergbaus des gesamten Kontinents sind in Südafrika beheimatet.

Bis 1869, als Gold gefunden wurde und der Abbau der Bodenschätze begann, wurde hauptsächlich Landwirtschaft betrieben. Viele Einwanderer aus Übersee brachten technisches Know-how mit; die Fertigungsindustrie wuchs während des Zweiten Weltkriegs rapide.

Die Zeit der Apartheid hat die Wirtschaft durch die weltweiten Sanktionen empfindlich getroffen und zurückgeworfen, wenn auch längst nicht so stark wie beabsichtigt. Heute muss das Vertrauen ausländischer Investoren neu gewonnen werden. Das Land weist eine sehr gute Infrastruktur auf, die der Schlüssel zum wirtschaftlichen Erfolg sein könnte. In Südafrika gibt es etwa 350 Niederlassungen deutscher Firmen; der privatwirtschaftliche Sektor wird von zwei Großkonzernen dominiert: De Beers und Anglo-American-Corporation.

Wirtschaft

Reich an Bodenschätzen

Kultur

Die Kultur des »schwarzen Volkes«, der Nguni (Ndebele, Zulu, Xhosa), wurde während der Zeit der Voortrekker unterdrückt, die Apartheid führte dieses Zerstörungswerk fort. Die Schwarzen lebten eher in verstreuten, unabhängigen Siedlungen in ihren traditionellen, kunstvollen Rundhütten. Ihre kunsthandwerklichen Fähigkeiten zeigen sich in der fantasievollen Verarbeitung von Kleidung, Schmuck und Alltagsgegenständen. Einige der Traditionen konnten über die Jahre der Apartheid abseits der politischen Hauptströme, in Dörfern, auf dem Land und in den *homelands,* zum Glück beibehalten werden.

Die rhythmische Musik der Schwarzen wird bis heute unverändert durch Trommeln und Flöten dominiert. Der Jazz ist der einzige Bereich der Musik, in dem Weiße und Schwarze gleichberechtigt miteinander umgehen konnten. Bis heute ist dieser Musikstil beliebt und orientiert sich an Vorbildern aus den USA.

»Cape Dutch Style«

Die »weiße« Kunstszene war schon immer eher fantasielos und wenig professionell und orientierte sich an dem Kunsthandwerk der Landwirte, Handwerker oder Techniker. Allein auf dem Gebiet der Architektur schufen die holländischen Einwanderer schon kurz nach ihrer Ankunft 1652 einen unverwechselbaren Stil, den »Cape Dutch Style«. Der ist gekennzeichnet durch strohgedeckte, strahlend weiß gekalkte Häuser in klaren Formen und dem typischen Mittelgiebel in der Hauptfassade, der im Falle eines Brandes den Bewohnern ein gefahrloses Verlassen des Hauses garantieren sollte. Beispiele dieser Architektur findet man auf dem Weingut Groot Constantia, in Stellenbosch, Paarl und Swellendam. Der Einfluss der Briten macht sich in georgianischen und viktorianischen Stilelementen bemerkbar wie Säulen, schmiedeeisernen Gittern und weißen Holzbalkonen.

Die britischen und holländischen Einwanderer brachten ihre eigenen Sprachen mit nach Südafrika, Englisch und Afrikaans waren lange Zeit die offiziellen Landessprachen. Die bekannteste Vertreterin der englischsprachigen Kultur ihres

Landes ist sicher die 1923 geborene Nadine Gordimer, die 1991 für ihr Werk den Nobelpreis für Literatur erhielt.

Aber Südafrika ist, wie die bekannten »Simbabwe Ruins« zeigen oder die 20.000 Jahre alten, beeindruckenden Felsmalereien der San, schon seit frühesten Zeiten ein kulturell hoch erschlossenes Gebiet.

Nationalhymne

Die südafrikanische Nationalhymne, am 10. Mai 1994 offiziell eingesetzt, wurde komponiert und getextet von Enoch Sontonga, einem Bantu vom Mpinga-Clan. Er arbeitet als Lehrer an der Methodistenschule in Nancefield, einem *township* bei Johannesburg.

1897 entstand das Lied »Nkosi Sikelel'i Afrika«, 1899 wurde es zum ersten Mal öffentlich aufgeführt und avancierte schnell zur Hymne der schwarzen Bevölkerung. 1934 war es bereits so bekannt, dass man von der »Bantu-Nationalhymne« sprach. »Nkosi Sikelel'i Afrika« ist ein Gebet um Hoffnung, Veränderung und Frieden, entstanden aus Schmerz und Leid. Es drückt das Nationalgefühl des neuen Südafrika aus und wird mit Stolz gesungen – auf Xhosa.

Nkosi Sikelel'i Afrika
Maluphakanyisw' uphondo lwayo
Yiva imathandaso yethu
Nkosi Sikelela, Nkosi Sikelela

Lord, bless Africa
May her hom rise up high
Hear throu our prayers
Lord, bless us

Flora

Südafrika lässt das Herz eines jeden Botanikers höher schlagen, denn hier sind zehn Prozent des gesamten Pflanzenreichtums der Erde (22.000 botanische Arten) heimisch. Die artenreiche Kapflora (Capensis) mit der typischen Fynbos-Vegetation, die aus Hartlaubgewächsen (Proteaceen) und über 600 verschiedenen Arten der Erica-Gattung besteht, ist eines der sechs Florenreiche der Erde.

Allein auf dem Tafelberg in Kapstadt trifft man mehr Pflanzenarten als auf den gesamten britischen Inseln. Im Norden und Nordwesten findet man den für die dortige Vegetation typischen Affenbrotbaum (Baobab), im Osten regengrüne Gehölze, im Hochveld Grasfluren, in der Großen Karoo wenige Büsche und bizarre Sukkulenten. Besonders beeindruckend ist das Namaqualand, wenn sich nach dem Frühjahrsregen ein farbenprächtiges Blütenmeer von einjährigen Pflanzen entfaltet.

Nur ein Prozent der Gesamtfläche Südafrikas sind bewaldet, davon sind 2,6 Millionen Hektar natürlicher und 1,2 Millionen Hektar kultivierter Wald. Viele der uns von Vorstadtbalkonen bekannten Pflanzen und Blumen stammen ursprünglich aus Südafrika, beispielsweise Astern, Geranien, Schwertlilien und Strelizien.

Fauna

Südafrika ist nicht nur Heimat der drei größten Landsäugetiere der Welt, des afrikanischen Elefanten, des Breitmaulnashorns und des Flusspferds – nebenbei auch das gefährlichste Tier Afrikas –, hier lebt auch das längste (Giraffe), das schnellste (Gepard) und das kleinste (Zwergspitzmaus) Tier.

Die Artenvielfalt ist groß, obwohl einige Arten seit Ankunft der Europäer ausgestorben sind. Das meiste Großwild lebt heutzutage in den Nationalparks, in denen man Büffel, Löwen, Leoparden, Elefanten, Breit- und Spitzmaulnashörner beobachten kann. Alle Wildschutzgebiete Südafrikas liegen in der Savanne oder Halbsavanne.

Auch hat Südafrika viele Antilopenarten wie Impala, Kudu oder Springbock vorzuweisen, aber auch Strauße und Flamingos, Zebras und Wildpferde, Warane, Krokodile, Kobras und Mambas.

Vielfalt der Küchen

Die Vielfalt der Kulturen Südafrikas spiegelt sich auch in den Küchen des Landes wider. Der *Mealie Pap*, ein Maisbrei, ist Grundnahrungsmittel der schwarzen Bevölkerung; die Buren ziehen *Braaivleis* (Grillfleisch) vor; *Sosaties* (Fleischspieße), *Bobotie* (Lamm-Curry-Auflauf) und *Bredie* (Eintopf) zeigen den Einfluss Südostasiens; und den besten indischen Curry weltweit gibt es in Durban. Das englische Roastbeef steht meist auf dem Sonntagstisch der weißen Bevölkerung. Die *Boerewoers,* eine schneckenförmig geringelte Bratwurst, ist die klassische Wurst Südafrikas, und *Biltong,* das Dörrfleisch von Strauß oder Kudu, stammt aus der Zeit der langen Voortrekker-Reisen.

Im Gegensatz zur häuslichen Küche, die sehr reichhaltig und abwechslungsreich ist und sich als eigenständige Esskultur entwickelte, pflegten viele südafrikanische Restaurants und Hotels lange Zeit keine spezifische Küche. Die großen Hotelketten wollten der Welt zeigen, dass sie eine erstklassige Küche nach westlichem Standard bieten können, und kopierten die europäischen Kochstile. Bis in die neunziger Jahre des 20. Jahrhunderts rekrutierten sie ihre Köche in Europa, eine Förderung einheimischer Fachkräfte fand nicht statt. Als das südafrikanische »Culinary Team« 1992 bei der Kocholympiade in Frankfurt Weltmeister wurde, überraschte das nicht nur die ausländische Gastrowelt. In Südafrika löste das Ereignis einen Boom für den Kochberuf aus. Südafrika ist sich der Bedeutung des Gastgewerbes und des Tourismus bewusster geworden.

Wer als Tourist in Südafrika die Küche der schwarzen Bevölkerungsmehrheit genießen will, hat dazu fast keine Möglichkeit. Eine der wenigen Gelegenheiten bietet das Restaurant »Gramadoelas« im Market Theatre von Johannesburg. Selbst geröstete Heuschrecken oder Blätterteigpastetchen mit einem Mopaniwurm-Ragout wird dort ser-

Umdenken in den Restaurants

viert, ebenso ungewöhnliche Früchte wie Marula und Boaba, die keine deutsche Übersetzung kennen. Die wichtigsten Nahrungsmittel der schwarzafrikanischen Küche sind Mais und Gemüse, Nüsse und Früchte.

Grillen auf Südafrikanisch: das Braai

Das wohl typischste südafrikanische Essen, das auch immer mit einem gemütlichen Beisammensein im größeren Kreis verbunden ist, ist das *Braai* (sprich: brei) oder auch *BBQ*. Es ist eine Grillveranstaltung unter freiem Himmel, die auf die Buren zurückgeht. Es fließen große Mengen Bier, werden Unmengen von *Boerewors*, Steaks und Koteletts (meistens vom Schaf) zusammen mit Salaten verzehrt. Und Unmengen meint Unmengen: Unter vier, fünf Steaks und einem relevanten Anteil an Wurst kommt hier niemand weg ohne nicht als unhöflich zu gelten bzw. sich als Ausländer erkennen zu geben.

Das *Braai* ist ursprünglich eine reine »Männerveranstaltung« und wird regelrecht zelebriert. Man steht gemütlich mit einer Flasche Bier in der Hand um den Grillplatz herum, während die Frauen bevorzugt mit der Zubereitung der übrigen Speisen beschäftigt sind. Deswegen sind auch die meisten Häuser der weißen Südafrikaner wie selbstverständlich mit eigenen Braaiplätzen, gemauert oder aus Beton, ausgestattet.

Fische, Seetang, Hummer

Capetonians – so nennen sich die Kapstädter – grillen auch gerne Fisch, am liebsten Snoek und Yellowtail. Denn speziell in und um Kapstadt stehen die Meeresfrüchte wie Langusten, Austern, Muscheln, Abalonen (Perlemoen) und eine große Auswahl der unterschiedlichsten Fische ganz oben auf der Speisekarte. In der Crayfish-Saison ist der Hummer hier eine der beliebtesten Delikatessen.

Eine Spezialität der Region konnte sich allerdings nicht durchsetzen und wird nur noch selten hergestellt: Konfitüre aus Seetang, Wein und Gewürzen.

Die besten und frischesten Fischgerichte bereiten die Portugiesen am Kap zu. Findet man auf der Speisekarte einen *Line Fish*, so ist dies keine Fischsorte, sondern besagt so viel wie »*Catch of the day – Fang des Tages*«. Das kann ein Kabeljau *(Kob)*, ein Yellowtail oder ein *Cape Salmon* sein. Zu den teuersten, edelsten und schmackhaftesten Fischen zählt der Kingklip.

Fischgerichte werden bevorzugt mit Zitronenbutter *(Lemon Butter)* oder einer Knoblauchsauce *(Garlic Sauce)* serviert. Als Beilagen gibt es *Vegies* (Kurzform für *Vegetables,* Gemüse), Folienkartoffeln *(Baked Potato)* oder natürlich Chips.

Fisch ist im Allgemeinen in Kapstadt erheblich preiswerter als in Europa, so dass nur empfohlen werden kann, die sonst fast unerschwinglichen Hummer oder Austern zu probieren.

Die jeweiligen Einwanderergruppen haben ihre eigenen Küchentraditionen mit nach Südafrika gebracht und kultivieren sie zum Teil bis heute.

Importierte Tradition

Die Küche der Buren

Die Buren haben ihre niederländischen Essgewohnheiten weitgehend beibehalten, verfeinert und dem afrikanischen Klima angepasst. Beispielsweise wird Fleisch und Fisch gerne getrocknet, geräuchert oder gesalzen aufbewahrt. Typisch dafür sind gepökelte Hammelrippchen *(Mutton Salt Rip)*, Trockenwurst und Dörrfleisch von verschiedenstem Wild *(Biltong)*.

Biltong wird durch kräftige Gewürze und durch anschließende Trocknung haltbar gemacht. Es schmeckt salzig und ist stark sättigend. Das Fleisch ist meistens von Springbock, Kudu oder Gämsbock, seltener von Rind, Strauß oder gar von Elefant oder Büffel. Überall im südlichen Afrika auf Märkten oder an Buden kann man *Biltong* mundgerecht zerschnitten vorbereitet kaufen.

Der Ursprung der traditionellen Buren-Küche am Kap liegt in den ländlichen Afrikaaner-Gemeinden. Typisch ist zartes Lamm mit Süßkartoffeln, mit Zimt gewürzter Kürbis und als Nachspeise *Koeksister* (der Milchkuchen ist durch den Sirup süß und klebrig und sehr beliebt) sowie andere Süßspeisen (zum Beispiel *Konfyt,* Eingemachtes).

Über die Landesgrenzen hinaus bekannt ist der gerne getrunkene aromatische Rooibos-Tee des heimischen Rotbusch-Gewächses. Beliebt sind auch *Potjiekos,* Eintopfgerichte, die oft tagelang in einem gusseisernen Kessel vor sich hin köcheln.

Englische Küche

Die britischen Siedler haben ihren *Plum-Pudding,* den Fruchtkuchen *(Fruit Cakes),* Gebäck wie *Scones,* Marmelade, den Gin Tonic und den *High Tea* mit Gurken-Sandwiches mit ins Land gebracht. Roastbeef serviert mit *Roasted Potatoes* und *Yorkshire-Pudding* ist noch heute der klassische Sonntagsbraten in vielen südafrikanischen Familien.

Malaiische Küche

Mit der Ansiedlung von Sklaven aus Malaysia kam neue Kulinarik ans Kap. In vielen Küchen kochten bald Malaien und Malaiinnen, was der eher einfachen, geschmacksarmen holländischen Küche neue Reize verschaffte. Der malaiische Einfluss auf die südafrikanische Küche ist unübersehbar, der Begriff »kap-malaiische Küche« fest eingebürgert. Klassisch gehören dazu der Gemüse-Fleisch-Auflauf mit Curry *(Bobotie),* Fleisch und Fisch mit Curry – die Vielfalt der unterschiedlichsten Currysorten ist für den Europäer beeindruckend – und Gelber Reis *(Yellow Rice),* eine verführerische Süßspeise mit Rosinen und vielen exotischen Gewürzen, sowie Fleischspießchen aus mariniertem Lamm- oder Schweinefleisch *(Sosaties).* Weiter gibt es die verschiedensten schmackhaften Eintopfgerichte *(Bredie),* die sich meist aus Hammelfleisch, Kartoffeln und Gemüse zusammensetzen. Der wohl beliebteste ist der *Waterblommetjie-Bredie,* der mit einer heimischen Wasserlilie zubereitet wird.

Die besten malaiischen Restaurants findet man im kap-moslemischen Stadtteil Bo-Kaap in Kapstadt.

Indische Küche

Die Spezialität der Inder am Kap sind natürlich die zahlreichen Currygerichte, die mit einem vorzüglichen Reis zubereitet werden. Speziell in Natal gehören wegen der vielen indischen Einwanderer diese Gerichte zum Alltag. Die zahlreichen exotischen Gewürze sind durch Sklaven aus Indonesien, Madagaskar und Indien ins Land gebracht worden.

Traditionelles Gericht: burische Bratwurst (siehe Seite 89)

Pastete mit geräuchertem Barracuda (siehe Seite 47)

Ein Bauer beim Ernten der Waterblommetjie

Typisch kapoländisches Haus, das die Siedlungsformen des 17. Jahrhunderts bewahrt hat

Mehr und mehr hat sich auch die internationale Küche mit seinen Fastfood-Angeboten wie McDonald, Wimpy oder Kentucky Fried Chicken (KFC) am Kap etabliert. *Fish and Chips (Chips* meint hier Pommes frites) sind sehr beliebt und preiswert. Österreicher bieten ihr *Vienna Schnitzel,* Italiener ihre Spaghetti und Griechen ihr Gyros an. Fast alle Länder der Welt sind hier heute vertreten. Unter anderem angesiedelt haben sich kantonesische, chinesische, thailändische, französische, bulgarische und mexikanische Küchen.

Die Auswahl ist groß, es muss also nicht immer Steak mit Pommes sein. Und wenn, dann vielleicht ein Steak von der Antilope, vom Krokodil oder vom Strauß.

Bier vom Fass ist in Südafrika ungewöhnlich, es wird in der Regel in Dosen oder kleinen Flaschen angeboten. Bekannte Biersorten sind Castle, Black Label, Amstel und Carlsberg. Am Kap wird häufig das Mitchell's Bier einer Kapstädter Privatbrauerei getrunken. Ebenfalls beliebt ist das Windhoek Lager aus Namibia, das nach dem deutschen Reinheitsgebot gebraut wird.

Alkohol wird generell nicht in Supermärkten verkauft, sondern nur in so genannten *Bottle Stores* angeboten. Mineralwasser (Soda) hat sich nicht durchgesetzt und auch Kaffee und Tee überzeugen nicht immer, denn Tee wird meist in Beuteln serviert und Kaffee gelegentlich mit Zichorie vermischt.

Internationale Küche

Bier, Tee und Kaffee

Südafrikanischer Wein

**Die Weingeschichte
des Kaps**

Als 1652 Jan van Riebeck im Auftrag der »Dutch East India Company« als erster Europäer an das Kap der Guten Hoffnung kam, um dort eine Verpflegungsstation aufzubauen, hatte er gleich von Anfang an Reben dabei, da das Bedürfnis der Seefahrer nach vergorenem Traubensaft groß war. Am 2. Februar 1659 meldete Riebeck die erste Pressung und Kelterung von Wein. Sein Fachwissen war nicht sehr groß und die Qualität des Weines offensichtlich auch nicht, da es bei dieser einen Kurznotiz im Jahrbuch blieb.

Hugenotten als Weinbauern

Die Hugenotten, die 1680 ans Kap kamen, brachten etwas Weinbauerfahrung aus dem Rhonetal mit. Die drei Brüder De Villier haben in der Folge den Weinbau am Kap stark beeinflusst, hatten sie das Handwerk doch von Grund auf gelernt. Die Rebbaufläche wuchs konstant und unkontrolliert, was Ende des 19. Jahrhunderts zu einer Weinschwemme führte. Der Markt brach zusammmen und große Mengen unverkäuflicher Weine wurden vernichtet.

Um die Produktion zu kontrollieren, wurde Anfang des letzten Jahrhunderts schließlich die »Kooperatieve Wijnbouwers Vereniging van Zuid-Afrika«, kurz KWV, gegründet. Zusammmen mit der »Stellenbosch Farmer's Wineryr« (SFW) kontrolliert sie heute den größten Teil des Weinhandels in Südafrika. 1971 wurde die erste »Route de Vin« eröffnet, die »Stellenbosch Wine Route«.

1975 fand die erste Nederburg-Weinauktion statt, ein Ereignis, das heute in der ganzen Welt verfolgt wird. Jeweils Ende März werden ausgesuchte Weine vor einer illustren nationalen und internationalen Gesellschaft versteigert. Für jeden Winzer ist es eine große Ehre, mit einem Kontingent Weine auf der Auktion vertreten zu sein.

Seit 1993 nimmt in der Schweiz und in Deutschland der Import von Kapweinen stetig zu. Diese Weinimporte sind aber immer noch sehr ge-

ring. Im Vergleich etwa zu den aus Italien impor-
tierten Weinen machen südafrikanische nur zwei
Prozent aus.

Die wichtigsten Weingebiete

In West-Kap sind 30.000 Menschen damit beschäftigt, über 2.500 verschiedene Weine herzustellen.
Das Weinanbaugebiet erstreckt sich in einem Ra-
dius von 200 Kilometern rund um Kapstadt.

Die bekanntesten Orte sind Franschhoek, Stel-
lenbosch und Paan, alle nur etwa 45 Minuten von
Kapstadt entfernt. Sie gehören zu den ältesten
Siedlungen in Südafrika.

Die Weinanbaugebiete sind in die folgenden Regionen aufgeteilt: Constantia, Klein Karoo (mit
Calitzdorp und Montagu), Paarl (mit Franschhoek
und Wellington) Olifantsrivier (mit Vredendaal,
Orange River), Elgin, Walker Bay, Overberg, Ro-
bertson (mit Bonnievale), Stellenbosch (mit Si-
monsberg), Swartland, Tulbagh, Ceres, Worcester.

Die wichtigsten Weißweine

Chardonnay ist auch in Südafrika der beliebteste
Weißwein. Wie überall streiten sich die Fachleute
über die Kelterung dieser Traube, mit Holzfass oder
ohne, wie viel und wie lange und mit welcher Eiche.

Chardonnay

Colombard wurde aus Frankreich importiert,
wo diese Traubensorte vor allem für die Cognac-
produktion angebaut wird. In der Kapregion werden daraus sehr schöne Weißweine gewonnen, die
leicht, fruchtig und frisch sind. Leider sind sie
nicht lange lagerfähig.

Colombard

Riesling (Cape- oder *S.A.-Riesling)* konnte sich
nie durchsetzen. Die Resultate waren kurzlebige
Weine mit wenig Harmonie und Struktur.

Riesling

Im Gegensatz dazu ist der *Rhine Riesling* (Weißer Riesling) sehr beliebt. Er ist viel kräftiger, würziger und reicher als der normale Riesling.

Sauvignon blanc gedeiht im Kapklima am besten. Feine, subtile und elegante Weine mit und
ohne Holzlagerung erfreuen sich einer immer größeren Beliebtheit. Spitzengewächse werden von
Fachleuten in einem Atemzug mit *Cloudy Bay* aus
Neuseeland genannt. Im Eichenfass gelagerte *Sau-*

Sauvignon blanc

vignon-blanc-Weine werden als *Blanc fumé* oder *Fumer blanc* in den Handel gebracht. Sie erreichen aber selten die Qualität der Weine, die nur im Stahltank gekeltert wurden.

Steen

Mit dem *Steen* glaubte man eine weiße Rebsorte zu haben, die nur in Südafrika angebaut wird. Aber es stellte sich heraus, dass die gleiche Rebe im Loiregebiet als *Chenin blanc* kultiviert wird. Sie ist relativ problemlos und einfach anzubauen. Mit einer Verbreitung von rund 30 Prozent ist die *Chenin blanc* die am meisten angebaute Rebe. Es werden sowohl trockene und süßliche Weine als auch *Bortrytis*-Weine gekeltert. Qualitativ sind diese Weine kurzlebig und eher durchschnittlich.

Blend

Im Allgemeinen sind die »Neue-Welt-Winzer«, die Weinproduzenten in Kalifornien, Australien, Neuseeland, Chile usw., sehr kreativ und experimentierfreudig. Verschiedenste Traubensorten werden angebaut, Reben gekreuzt und verschiedene Weine vermischt. In Südafrika werden diese Mischungen Blend genannt. *Chardonnay-Sauvignon blanc* ist ein Blend, der sehr gut gelungen ist. Die fruchtigen, kräftigen und körperreichen *Chardonnay*-Trauben kombiniert mit der feinen, eleganten, eher säurereichen *Sauvignon-blancs*-Trauben ergeben oft sehr harmonische und gut strukturierte Weine.

Die wichtigsten Rotweine

Pinotage

1925 kreuzte Professor Perold die Traubensorten *Pinot Noir* mit der *Cinsault*-Rebe (Cinsault in Frankreich) – ein für Südafrika bedeutungsvolles Ereignis. Der *Pinotage* war geboren, ein Wein, der lange Zeit nur in Südafrika hergestellt wurde. Aber erst 1961 wurden die ersten Flaschen *Pinotage* abgefüllt. Vorteilhafterweise kann *Pinotage* sehr früh geerntet und somit die Weinlese verlängert werden. Er zeichnet sich aus durch einen mittleren Körper, eine fruchtige Blume und ist bereits früh im trinkreifen Stadium. Trotzdem hat er die Qualität, um längere Zeit im Keller zu lagern und sich weiterzuentwickeln. *Pinotage* ist einer der außergewöhnlichsten Weine Südafrikas.

Cinsault war früher mit rund einem Sechstel-Anteil eine der wichtigsten Reben und eignete sich zum Mischen mit anderen Traubensorten. Lange wurde er *Hermitage* oder *Cape-Hermitage* genannt. Diese irrtümliche Bezeichnung prägte auch den Namen *Pinotage* der *Pinot-Noir-Cinsault*-Kreuzung. Heute nimmt seine Bedeutung jedoch ab.

Cinsault

In den letzten Jahren erhielten immer mehr südafrikanische *Cabernet-Sauvignons* internationale Auszeichnungen. Das ideale Klima um Stellenbosch und Paarl ermöglicht den Winzern, mit den besten Rotweinen Kaliforniens und Australiens mitzuhalten. Sowohl reine *Cabernets* als auch so genannte *Bordeaux-Blends*, die mit *Merlot*, *Malbec* und *Cabernet Franc* gekreuzt sind, werden gekeltert.

Cabernet

Ausgezeichnete *Merlot*-Weine werden am Kap gewonnen. Dabei erfreut sich der *Merlot* nicht nur als Blend für *Cabernet-Sauvignon*, sondern immer mehr als reiner *Merlot* größter Beliebtheit.

Merlot

Große Anstrengungen und entsprechende Hoffnungen haben die Winzer in die *Pinot-Noir*-Traube gesetzt. Es werden bereits gute Weine gewonnen, die allerdings nicht mit den edlen Burgundern mithalten können.

Pinot Noir

Shiraz, die südafrikanische Bezeichnung für *Syrah*, wird seit den achtziger Jahren des 20. Jahrhunderts erfolgreich angebaut und auch gekeltert. Sehr beliebt sind Blends mit *Cabernet-Sauvignon*.

Shiraz

Tinta Barocca, eine portugiesische Rebe, wird hauptsächlich für die Herstellung von Portwein angebaut. Kleinere Mengen werden unter dem gleichen Namen als trockene Rotweine verkauft. Ihr Charakter: eine gute Nase, aber ein nur mittlerer Körper.

Tinta Barocca

Die südafrikanische Weintradition ist zwar jahrhundertealt, einen wirklichen Aufschwung nahm der Anbau jedoch erst im letzten Jahrhundert. Unter den südafrikanischen Weinen gibt es noch den einen oder anderen zu entdecken – auch hier ist Südafrika stets für eine Überraschung gut.

Typische Zutaten und Begriffe

Alikreukels

Eine Art große Meerschnecken, die an der Küste von Natal bis Kapstadt vorkommen. Sie ähnelt den Periwinkles, ist aber um einiges größer. Alikreukels zieht felsige Küsten den Sandstränden vor. Bei Ebbe ist sie überall in den Rockpools, den kleinen »Badewannen« der Felsküste, zu finden.

Atjar

Eine malaiische Variante des Chutney, das aber noch ganze Fruchtstücke enthält.

Biltong

Südafrikanischer Name für Trockenfleisch. Das Fleisch wird in lange Streifen von 5 bis 10 Zentimeter Dicke geschnitten, mit Salz, Pfeffer oder Peri-Peri, Koriander, Zucker, Essig und Bikarbonat gepökelt und anschließend zwei bis drei Wochen luftgetrocknet. Die meisten Farmer haben eigene Trocknungsgestelle. Verwendet wird Rind- oder Straußenfleisch, während der Jagdsaison aber auch Springbock und Kudu oder anderes Antilopenfleisch.

Birjani

Auch *Biriani* oder *Breyani;* indischer Name für Gerichte mit Fisch, Fleisch und Geflügel sowie Reis, Linsen und Gewürzen.

Bobotie

Köstliches Gericht für wenig Geld. Hackfleisch von Rind, Lamm oder Schwein wird zusammen mit Früchten und Gewürzen (Curry) gebraten und in einer feuerfesten Form mit einem Eiguss im Ofen überbacken. Oft werden einfach Bratenreste gehackt, mit Chutneys, Mandeln, Aprikosen und Curry vermengt und zusammen mit dem Eiguss in den Ofen geschoben.

Boerewors

Hausgemachte Bratwürste, ähnlich unserer Bauernbratwurst, aber mit mehr Gewürzen.

Braaivleis

Lieblingsbeschäftigung der weißen Südafrikaner und Südafrikanerinnen, dem BBQ oder der Grillparty vergleichbar. Alles, was gegrillt wird, läuft unter *Braai*: Spiegeleier mit Speck in der Bratpfanne auf einem Picknickplatz im Kruger-Nationalpark, *Boerewors* und Steaks im Garten oder brutzelnde Fische vom Holzkohlengrill am Sandstrand.

Bredies

Eintopfgerichte mit Schaffleisch und Gemüse. Sie werden auf kleinem Feuer gekocht, damit sich der jeweilige Eigengeschmack besser entfalten kann. Fast jedes Gemüse kann für *Bredie* verwendet werden. Wer Schaffleisch nicht mag, kann Lamm-, Rind- oder Schweinefleisch nehmen.

Brinjal

Südafrikanischer Name für Auberginen oder Eierfrüchte; auf Englisch heißen sie *Eggplant*.

Chutney

Auch *Blatjang* genannt; Beilagen zu pikanten Gerichten der indischen und malaiischen Küche. Sie werden aus aus Früchten und Gemüsen hergestellt, nehmen den Gerichten etwas Schärfe und runden den Geschmack ab.

Crayfish

Name für Langusten am Kap der Guten Hoffnung. Früher waren sie das Essen der Hausangestellten und weniger Bemittelten, heute sind sie eine der teuersten Delikatessen. Egal ob warm oder kalt gegessen, ob gebraten, grilliert oder gekocht, *Crayfish* ist immer ein Festessen. Sie sind auch als *Rocklobster* bekannt – eine irreführende Bezeichnung, weil Langusten im Gegensatz zum Hummer *(Lobster)* keine Scheren haben. Fischer verwenden diese Bezeichnung, um Verwechslungen mit *Crawfish* (Krebsen) zu vermeiden. Über 80 Prozent der Fänge werden exportiert. Fangzeit ist November bis Juni. Erst nach rund neun Jahren sind die Tiere für den Fang groß genug. Der Panzer (ohne Schwanz) muss mindestens 89 Millimeter lang sein. Langusten können bis 40 Zentimeter lang beziehungsweise 30 bis 40 Jahre alt werden.

Garam Masala

Lieblingsgewürz der Captownians, der Kapstädterinnen und Kapstädter. Masala ist eine bestimmte

Zusammensetzung von verschiedenen Gewürzen: Fenchelsamen, Kümmel, Koriander, Kardamom. Auch als Bestandteil des Curry zu finden.

Grenadilla

Passionsfrucht; Grenadine ist ein Konzentrat, das in Dosen erhältlich ist.

Griddle

Angelsächsische Bezeichnung für eine flache, von unten erhitzte Kochplatte, auf der grilliert oder gebraten wird. Der Vorteil ist, dass das Fett abläuft und das Gargut in relativ wenig Öl gebraten, ja fast grilliert wird.

Hake

Name für den Stockfisch, einen sehr beliebten Fisch in Südafrika, sowohl geräuchert *(Haddock)* als auch frisch. Er lebt in tiefen Gewässern und wird vom Boot aus gefangen.

Katfish

Der zur Familie der Welse gehörende Katfisch wurde auf Deutsch gerne »Beamtenlachs« genannt: Großer Mund, aber nichts dahinter. So ganz unberechtigt war diese Bezeichnung nicht, denn sein Kopf bzw. Maul ist wirklich unverhältnismäßig groß.

Kingklip

Der in Südafrika beliebteste Fisch gehört der Familie der Dorsche an und ist bei uns unter der Bezeichnung Lengfisch erhältlich. Sein langer, grätenfreier, aalähnlicher Körper in grau und rosa Farbtönen ist unverkennbar. Gefischt wird er in tiefen Gewässern der westlichen und östlichen Kapprovinz. Er schmeckt vorzüglich in Butter gebraten oder als Fischcurry.

Kob

Auch Kabeljau genannt; ist einer der wichtigsten und schmackhaftesten Fische und wird in den Restaurants meistens als *Catch of the day* oder *Linefish of the day* angeboten. Die meisten *Kobs* werden an den Küsten Natals gefangen.

LM Prawns

Riesencrevetten, die nostalgische Träume hervorrufen. Gemeint sind die Riesencrevetten aus Lourenço Marques, wie die Hauptstadt von Mosambik, Maputo, früher hieß. Die Crevetten sind bis zu

30 Zentimeter lang. Sie werden in Peri-Peri-Öl gebraten und im Ganzen serviert.

Macadamianuts

Weiße, knusprige Nüsse, leicht süßlich im Geschmack; gehören zu den schmackhaftesten und edelsten Nüssen, die es gibt.

Mealie Pap

Weißes Maismehl mit Wasser zu einem Brei gekocht. Wird vielfach als Beilage zum *Braaivleis* zusammen mit einer Tomatensauce serviert. Für die schwarze Bevölkerung ist *Mealie Pap* in weiten Teilen Afrikas das tägliche Brot. Es gibt verschiedene Zubereitungsarten: mit mehr oder weniger Wasser, mit oder ohne Körner, trocken oder feucht. Entsprechend sind auch die Namen: *Soft Porridge, Stywepap, Crumbly Pap, Samp*. Maismehl wird in Südafrika in neun verschiedenen Stärke- und Mahlarten angeboten.

Moroho

Moroho oder Meroho; Bezeichnung der Sesotho für eine wild wachsende Pflanze wie überhaupt für »vegetarisch«. Die Blätter werden als Gemüse verwendet und sind Spinat vergleichbar. Ihre Zubereitung ist einfach und schnell: Die Blätter werden mit etwas gehackter Zwiebel und Salz in wenig Wasser gekocht.

Peri-Peri

Auch als Piri-Piri bekannt; rote getrocknete Pfefferschoten (Chili oder Peperoncini), die aus Mosambik nach Südafrika gelangten. Die gemahlenen Schoten werden in Olivenöl eingemacht und einige Monate gelagert. Dieses Peri-Peri-Öl wird als Sauce zu Riesencrevetten, Hähnchenschenkeln oder anderen gebratenen und grillierten Speisen gegeben. Ebenso wird es als Marinade für *Sosaties* oder andere Fleisch- und Fischgerichte verwendet. Achtung, sehr scharf!

Periwinkles

Kleine Muscheln, die wie ein Schneckenhäuschen aussehen. In vielen Ländern werden sie roh gegessen, ansonsten zubereitet wie Schnecken, am besten mit viel Knoblauch und Butter.

Perlemon	Südafrikanischer Name einer großen Muschelart, die auch als Abalone oder Meerohren bekannt ist. Zwischen Kapstadt und Port Alfred, speziell in der Gegend von Hermanus, gibt es große Perlemon-Bänke. Unregelmäßig spiralförmige Rillen, eine braunrote Farbe und 12 bis 18 Zentimeter Durchmesser kennzeichnen sie. Sie ernähren sich hauptsächlich von Seetang.
Pickles	Konservierungsart, die von den Seeleuten verwendet wurde, um Gemüse unverderblich zu machen und so den Skorbut zu bekämpfen. Fleisch und Gemüse in Essig eingelegt bleibt über Wochen haltbar.
Pie	*Pies* kommen aus der englischen Küche. Ein Eintopfgericht wird in eine vertiefte, feuerfeste Form gegeben, mit Teig abgedeckt und im Ofen fertig gegart.
Pofadder	Würste mit Innereien (Leber, Herz und Nieren) von Wild, meistens Kudu oder Springbock.
Potjie	Gusseiserner Topf mit drei Füßen, der in die heiße Glut gestellt wird. Darin werden Eintopfgerichte langsam geschmort. Für jeden Geschmack gibt es *Potjies:* Lamm, Rind, Springbock, Fisch, *Crayfish*, *Seafood* und so weiter.
Sambals	Beilagen zu Currygerichten, die kalt serviert werden. Sambals nehmen die Schärfe und werten das Gericht auf.
Samoosas	Dreieckige, frittierte Teigtaschen, die mit pikant gewürztem Hackfleisch gefüllt sind. Sie gelangten mit den indischen Immigrantinnen und Immigranten nach Südafrika.
Snoek	Fischart, die im Atlantik zwischen Kapstadt und Namibia gefangen wird. Der edelste Fisch der südafrikanischen Küche ist bei uns bekannt als Barracuda, jedoch in Europa kaum erhältlich. Er ähnelt der Makrele und hat scharfe Zähne. Die Fischer

behandeln deshalb frisch gefangenen Snoek mit gebührendem Respekt. Das Fleisch ist sehr schmackhaft und mit festen Gräten durchzogen. Zubereitet wird er auf die verschiedensten Arten: als Curry, geräucht, grilliert, gebraten oder zu einem feinen Aufstrich verarbeitet. Snoek auf dem Holzkohlengrill zubereitet ist eine Delikatesse.

Die frischen Snoekfilets werden zwei bis drei Stunden in leicht gesalzenes, lauwarmes Wasser eingelegt – so scheidet das Öl vom Fleisch und schwimmt obenauf. Anschließend wird der Fisch mit Küchenpapier trockengetupft. Alternativ können Makrelen verwendet werden.

Sosaties

Malaiische Spezialität, ursprünglich von Java stammend. Meist wird Lammfleisch in Marinade eingelegt und mit Dörrfrüchten auf Holzspießchen gesteckt und gegrillt.

Straußenfleisch

In der Gegend von Oudtshorn liegen riesige Straußenfarmen, die auch für Touristen zu besichtigen sind. Der Strauß ist rund hundertmal größer als unser Huhn, wird bis 150 Kilogramm schwer und drei Meter groß. Beim Laufen erreicht er Höchstgeschwindigkeiten von bis zu 70 Stundenkilometern. Er wird 14 Monate gemästet. Rund 90 Prozent aller Farmstrauße leben in Südafrika.

Vom Strauß ist fast alles verwertbar: Die Haut ergibt eines der exklusivsten Leder und die Federn sind als Wedel beliebt.

Das magere, eiweißreiche und cholesterinarme Fleisch erfreut sich vor allem in Europa zunehmender Beliebtheit; es ist schmackhaft und unserem Rindfleisch ähnlich. Als Steak werden die Muskelstücke (Bein) verkauft; das Filet wird aus der Brust geschnitten. Beides kann auf die gleiche Art wie Rindfleisch zubereitet werden. Achtung: Steak und Filet nicht ganz durchbraten oder grillieren, weil es sonst schnell trocken und zäh wird.

Straußenei

Straußenrühreier in Europa zu kochen wird wohl kaum möglich sein. Ein Straußenei ist 1 bis 1½ Kilogramm schwer, entspricht 25 bis 30 Hühnereiern und hat den Nährwert von etwa 50 Eiern. Aber vielleicht besteht die Möglichkeit, beim nächsten Aufenthalt in Südafrika ein Ei zu beschaffen.

So gelingt die Zubereitung dieses Leckerbissens am besten: Mit einem spitzen, aber starken Messer oder einer Ahle an einem Ende des Eis ein Loch bohren – das Ei kann so zur Dekoration weitergebraucht werden. Das Innere herausschütten und mit einem Schneebesen verquirlen, würzen und mit ½ Liter Milch verdünnen. Gehackte Zwiebeln und Knoblauch in einer großen Bratpfanne in reichlich Butter dünsten, die Eimasse dazugeben und fortwährend mit einem Holzlöffel rühren. Sobald das Ei stockt, es auf einem Stück Toast zusammen mit einer Hand voll fein geschnittenem *Biltong* und gehackter Petersilie servieren.

Waterblommetjie

Waterblommetjie sind eine Art Seerose oder Wasserlilie, die im Frühling geerntet werden. Zubereitet werden sie als Cremesuppe oder als *Bredie*. Bei uns sind sie kaum erhältlich.

Abkürzungen im Rezeptteil

EL   Esslöffel
TL   Teelöffel
g   Gramm
kg   Kilogramm
l   Liter
ml   Milliliter
cl   Zentiliter

Wenn nicht anders angegeben, sind Tee- und Esslöffel gestrichen gefüllt.

Alle Rezepte mit Ausnahme der Getränke sind für vier Personen berechnet.

Vorspeisen und Snacks

Pasteten

◆ Den Fisch häuten, entgräten und mit einem Messer in grobe Stücke zerteilen. Die Butter schaumig schlagen. Schalotte, Butter, Quark, Zitronensaft und Pfeffer gründlich vermischen. Mit einem Holzlöffel den Fisch unterziehen und in einem Steinguttopf abgedeckt einen Tag im Kühlschrank ruhen lassen – so kommt der Geschmack des Snoeks besser zur Geltung.
Beilage: Weißbrot, Vollkornbrot oder Pumpernickel

Variante:
Weil Barracuda bei uns kaum erhältlich ist, können geräucherte Makrelenfilets verwendet werden.

Pastete mit geräuchertem Barracuda
Smoked Snoek Pâté

am Vortag beginnen

200 g geräucherter Barracuda
150 g Butter
1 fein gehackte Schalotte
100 g Quark
½ Zitrone (Saft)
frisch gemahlener Pfeffer

◆ Leber und Pilze in kleine Würfel schneiden, die Zwiebeln hacken.
In einer Pfanne 3 EL Butter zerlassen und die Zwiebeln anbräunen. Leber und Pilze beifügen und 5 Minuten anbraten. Wein und Sherry angießen, mit Nelke, Muskat, Cayennepfeffer und Dill abschmecken, ein paar Minuten leicht köcheln. Vom Herd nehmen, erkalten lassen und in den Kühlschrank stellen.
Dann alles langsam pürieren, nach und nach die restliche Butter zugeben und zu einer geschmeidigen Paste verarbeiten. In ein längliches Tongefäß oder in mehrere kleine Förmchen geben und mindestens drei Stunden im Kühlschrank kalt stellen.

Springbock-Pastete
Springbok Liver Pâté

4 Stunden Vorbereitungs-
    und Kochzeit

700 g Springbockleber
300 g Pilze (Champignons,
    Pfifferlinge, Steinpilze)
1-2 Zwiebeln
300 g Butter
200 ml Weißwein
100 ml trockener Sherry
Gewürznelkenpulver
geriebene Muskatnuss
Cayennepfeffer
Dill

Hühnerleber-Pastete
Chicken Liver Pâté

4 Stunden Vorbereitungs-
und Kochzeit

700 g Hühnerleber
300 g Pilze (Champignons,
Pfifferlinge, Steinpilze)
1-2 Zwiebeln
300 g Butter
200 ml Weißwein
100 ml feiner Portwein
Gewürznelkenpulver
geriebene Muskatnuss
Cayennepfeffer
Dill

◆ Leber und Pilze in kleine Würfel schneiden, die Zwiebeln hacken.

In einer Pfanne 3 EL Butter zerlassen und die Zwiebeln anbräunen. Leber und Pilze beifügen und 5 Minuten anbraten. Weiß- und Portwein angießen, mit Nelke, Muskat, Cayennepfeffer und Dill abschmecken, ein paar Minuten leicht köcheln. Vom Herd nehmen, erkalten lassen und in den Kühlschrank stellen.

Dann alles langsam pürieren, nach und nach die restliche Butter zugeben und zu einer geschmeidigen Paste verarbeiten. In ein längliches Tongefäß oder in mehrere kleine Förmchen geben und mindestens drei Stunden im Kühlschrank kalt stellen.

Frittiertes

Samosas stehen für die indische Küche in Südafrika schlechthin. Sie sind zwar aufwändig in der Zubereitung, doch das Resultat ist ein Traum. Samosas sind, mit einem Glas Weißwein, als Snack oder Vorspeise nicht wegzudenken.

◆ Das gesiebte Mehl, ¼ TL Salz, eine Prise Turmeric und ¼ l Wasser zu einem Teig verarbeiten. Um ihn elastischer zu machen, etwas Essig zugießen.
Für die Füllung Zwiebeln und Knoblauch hacken. Die Frühlingszwiebeln fein schneiden, die Chilis fein hacken. Öl erhitzen und die Zwiebeln glasig dünsten. Fleisch zugeben und gut anbraten. Die übrigen Zutaten beifügen und braten, bis alle Flüssigkeit verdunstet ist. Abschmecken und abkühlen lassen.
Den Teig ausrollen und wie auf der folgenden Seite abgebildet in Streifen von etwa 6 cm Breite und 20 cm Länge schneiden. Pro Samosa 2 TL Füllung darauf geben, anschließend den Teig falten. Etwas ruhen lassen und dann in heißem Öl ausbacken. Warm oder kalt mit Chutney und Zitronenschnitzen servieren.

In asiatischen Spezialitätenläden kann bereits fertiger Teig gekauft werden.

Samosas
Samoosas

375 g Mehl
Turmeric
1 TL Essig oder Zitronensaft
Öl zum Ausbacken

für die Füllung:
2 Zwiebeln
2 Knoblauchzehen
4 Frühlingszwiebeln
5 getrocknete Chilis
1 EL Öl
500 g Hackfleisch (Lamm, Huhn, Schwein)
1 TL gehackter Ingwer
2 TL fein gehackter, frischer Koriander
1 TL Garam Masala
1 Prise Turmeric
2 TL Salz

Vegetarische Samosas
Vegetarian Samoosas

375 g Mehl
Turmeric
1 TL Essig oder Zitronensaft
Öl zum Ausbacken

für die Füllung:
1 Kartoffel
5 Möhren
150 g Reis
1 Zwiebel
2 Knoblauchzehen
8 Frühlingszwiebeln
2 kleine getrocknete Chilis
3 EL Öl
1 TL gehackter Ingwer
2 EL Garam Masala
1 Prise Turmeric
Salz
2 EL fein gehackter, frischer
   Koriander

◆ Das gesiebte Mehl, ¼ TL Salz, eine Prise Turmeric und ¼ l Wasser zu einem Teig verarbeiten. Um ihn elastischer zu machen, etwas Essig zugießen.

Für die Füllung Kartoffel, Möhren und Reis getrennt kochen. Die Kartoffel pürieren, Möhren in kleine Stücke schneiden. Zwiebeln und Knoblauch hacken, Frühlingszwiebeln fein schneiden, Chilis fein zermahlen.

Zwiebeln und Knoblauch in Öl dünsten. Reis, Kartoffelpüree und Möhren vermengen, zugeben und anbraten, bis die Masse krümelig wird. Gewürze und Koriander beifügen, zuletzt die Frühlingszwiebeln zugeben. Abkühlen lassen.

Den Teig ausrollen und wie abgebildet in Streifen von etwa 6 cm Breite und 20 cm Länge schneiden. Pro Samosa 2 TL Füllung darauf geben, anschließend den Teig falten. Etwas ruhen lassen und dann in heißem Öl ausbacken.

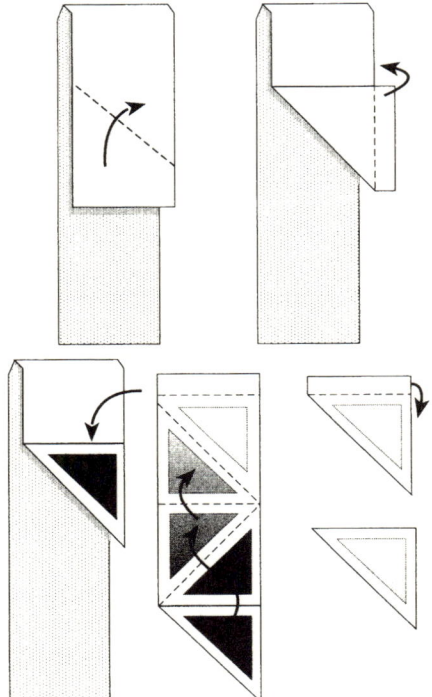

Das Falten der Teigtaschen
Schritt für Schritt

◆ Chilis und Frühlingszwiebel hacken, Gemüse-
blätter grob hacken. Alle Zutaten miteinander vermischen und so viel Wasser zugeben, dass ein ge-
schmeidiger Teig entsteht. Eine Stunde ruhen lassen.
Etwa 5 cm Öl in einen Topf gießen und erhitzen.
Mit einem Esslöffel Klößchen ausstechen und 5
Minuten frittieren. Auf Küchenpapier abtropfen
lassen.
Heiß servieren.

Käsekugeln mit Chili
Fried Chilli Bites
(kap-malaiisch)

1-2 frische oder getrocknete
  rote Chilis
1 Frühlingszwiebel
50 g Sauerampfer- oder
  Spinatblätter
300 g Mehl
5 g Backpulver
150 g Cheddar
1 Prise Turmeric
1 Prise Kümmel
1 Prise Koriander
1 Prise Salz
Öl zum Frittieren

◆ Erbsenmehl, Mehl und Backpulver mischen und
in eine große Schüssel sieben. Den Apfel raspeln,
die Spinatblätter grob schneiden und die Zwiebel
hacken. Mit den übrigen Zutaten zum Mehl geben.
Mit etwa 100 ml Wasser zu einem zähen Teig verarbeiten. Eine Stunde ruhen lassen.
Nussgroße Kugeln formen und in heißem Öl frittieren.
Heiß servieren. Als Snack zum Aperitif reichen
oder mit einem knackigen Blattsalat anrichten.

Gelberbskrapfen
Bhajias (kap-malaiisch)

für 24 Stück

250 g Mehl aus gelben
  Erbsen
30 g Mehl
1 TL Backpulver
1 Apfel
einige Spinatblätter
1 Zwiebel
1 Ei
1 TL Kümmel
1 TL Koriander
Pfeffer, Salz
1-2 TL Chilipulver
½ TL Turmeric
Öl zum Frittieren

Fischbällchen
Haddock Balls
(kap-malaiisch)

500 g geräucherter Schellfisch
2 Kartoffeln
2 Eier
2 TL gehackte Petersilie
1 TL weißer Pfeffer
Mehl
Paniermehl
Sonnenblumenöl zum
   Ausbacken

◆ Den Fisch kurz in Wasser einlegen. Herausnehmen, trockentupfen und in kleine Stücke zerteilen. Kartoffeln in der Schale kochen, dann pürieren und ein Ei zugeben. Fisch, Kartoffelpüree, Petersilie und Pfeffer vermengen und kleine Bällchen formen. In Mehl wälzen, durch das verquirlte Ei ziehen und in Paniermehl wenden.

Öl erhitzen und die Bällchen etwa 10 Minuten schwimmend backen.

Heiß servieren.

Als Snack oder kleine Mahlzeit mit Chips, Zitronenschnitzen und Tomatensalat reichen.

Suppen

◆ In einem Topf Huhn, Kokosmilch und Hühnerfond zum Kochen bringen. Die Gewürze zufügen und umrühren. Die Hitze reduzieren und alles 15 Minuten köcheln.
In eine Servierschüssel geben, mit Kokosraspeln bestreuen und heiß servieren.
Um eine sämigere Konsistenz zu erreichen, die Maisstärke mit 1 Tasse Wasser in die Suppe einrühren; vor dem Servieren 5 bis 6 Minuten köcheln.

Hühner-Kokos-Curry-Suppe
Chicken Soup with Coconut and Curry

für 6-8 Personen

500 g klein geschnittene
   Hühnerbrust
1 l Kokosmilch
½ l Hühnerfond
1 EL gehackter Ingwer
1 TL schwarzer Pfeffer
1 TL Koriander
1 TL Kreuzkümmel
1 TL gemahlene Senfkörner
1 TL gemahlener Zimt
1 TL Kurkuma
1 TL Gewürznelkenpulver
1 EL Chilipulver
250 g getrocknete, geriebene
   Kokosnuss
eventuell 1-2 TL Maisstärke

◆ Tomaten häuten und würfeln. Die Möhre in kleine Würfel schneiden, die Zwiebel fein hacken. In einer Pfanne Öl erhitzen, Möhre und Zwiebel andünsten. Mit 1 l Wasser auffüllen, Tomaten, Zucker, Rosmarin, Pfeffer und Salz zugeben, 10 Minuten kochen. Butter und Mehl vermengen und in kleinen Flöckchen zum Abbinden unter die heiße Suppe ziehen. Abschmecken und servieren.

Variante:
Wer die Tomaten nicht schälen will, kann die Suppe pürieren.

Tomatensuppe
Tomato Soup

6 Tomaten
1 kleine Möhre
1 Zwiebel
2 EL Öl
1 TL Zucker
Rosmarin
Pfeffer, Salz
30 g weiche Butter
2 EL Mehl

Waterblommetjie-Cremesuppe
Cream of Waterblommetjie Soup

2 kg Waterblommetjie
1 Zwiebel
50 g Butter
800 ml Gemüse- oder
    Hühnerbrühe
30 g weiche Butter
2 EL Mehl
300 ml Sahne
50 ml Sherry
Pfeffer, Salz

◆ Waterblommetjie in Streifen schneiden, die Zwiebel hacken.
Zwiebel in Butter andünsten, die Waterblommetjie beifügen und mit der Brühe ablöschen. Bei schwacher Hitze etwa 30 Minuten kochen, bis die Waterblommetjie weich sind. Pürieren und nochmals aufkochen. Butter und Mehl vermengen und in kleinen Flöckchen zum Abbinden unter die Suppe ziehen. Die Sahne zugeben, weitere 10 Minuten kochen. Mit Sherry, Pfeffer und Salz abschmecken.

Fischsuppe mit Curry
Curried Snoek Soup

500 g Fischabfälle und
    Gräten (Snoek, Seezunge,
    Seeteufel, Kabeljau)
2 Kartoffeln
1 große Zwiebel
50 g Knollensellerie
50 g Lauch
1 Knoblauchzehe
10 g gehackter Ingwer
50 g Butter
2-3 EL Mehl
100 ml trockener Weißwein
1 Prise Safran
1 TL Currypulver
Pfeffer, Salz
100 g geräucherter Snoek in
    Scheiben geschnitten

◆ Fischabfälle und Gräten in kaltem Wasser eine Stunde wässern, damit sich die Trübstoffe absetzen. In 3 bis 4 cm große Stücke schneiden. Kartoffeln schälen und vierteln, Zwiebel grob hacken. Sellerie und Lauch fein schneiden, Knoblauch und Ingwer fein hacken. Alles 5 Minuten in Butter dünsten, dann die Fischabfälle zugeben. Mit Mehl bestäuben und mit Wein ablöschen. 1 l Wasser angießen und 30 Minuten kochen.
Safran und Curry mit etwas Wasser angerührt in die Suppe geben und 30 Minuten köcheln. Durch ein feines Sieb passieren – die Suppe sollte sämig, aber nicht zu dick sein. Mit Pfeffer und Salz abschmecken. Die Snoekscheiben in Suppenteller geben und mit der heißen Suppe übergießen.
Beilage: Die Captownians servieren dazu geröstetes Brot mit Moskonfyt (Traubenkonfitüre).

Variante:
Statt Snoek kann geräucherte Makrele verwendet werden.

◆ Die Bohnen über Nacht in Wasser einweichen. Am nächsten Tag abgießen. Die Zwiebel hacken, Sellerie und Möhre in Würfel schneiden.
Öl erhitzen und den Speck anbraten. Gemüse zugeben und mitdünsten. Die Bohnen beifügen, mit Gemüsebrühe auffüllen und etwa eine Stunde köcheln.
Wenn die Bohnen weich sind, die Suppe pürieren, nochmals aufkochen, mit Pfeffer und Salz abschmecken.

Bohnensuppe
Boontjiessop

am Vortag beginnen
für 8 Personen

200 g Borlotti- oder andere
   weiße Bohnen
1 Zwiebel
200 g Sellerie
1 Möhre
1 EL Öl
50 g Speckwürfel
Pfeffer, Salz

◆ Die Möhren in Scheiben schneiden. Zwiebeln, Thymian und Petersilie fein hacken.
In einem Topf Butter zerlassen und die Zwiebeln glasig dünsten. Möhren, Thymian, Petersilie, Lorbeer sowie das Huhn zugeben und mit 3 l Wasser auffüllen, leicht salzen. Anderthalb Stunden köcheln, zwischendurch mit einer Kelle Schaum und Fettaugen abschöpfen.
Den Reis separat kochen. Das Huhn aus der Suppe nehmen, enthäuten, das Fleisch von den Knochen lösen und in mundgerechte Stücke schneiden. Die Knochen zurück in die Suppe geben, weitere 30 Minuten kochen. Durch ein feines Sieb passieren und das Fett abschöpfen.
Reis und Fleisch in die Suppe geben, aufkochen. Die Kokosmilch zugießen und die Suppe um ein Viertel reduzieren. Eigelb und Sahne leicht aufschlagen, beifügen, nicht mehr kochen. Sofort servieren und etwas Muskat darüber geben.

Geflügelcremesuppe mit Kokosnuss
Cream of Chicken Soup with Coconut (kap-malaiisch)

2-3 Stunden Vorbereitungs-
   und Kochzeit

2 Möhren
2 Zwiebeln
1 Bund Thymian
1 Bund Petersilie
25 g Butter
1 Lorbeerblatt
1 Suppenhuhn
100 g Langkornreis
200 ml Kokosmilch
2 Eigelb
20 cl Sahne
geriebene Muskatnuss

Gebundene Ochsenschwanzsuppe
Oxtail Soup

4 Stunden Vorbereitungs-
und Kochzeit

1 kg Ochsenschwanz
3 Möhren
50 g Knollensellerie
1 Zwiebel
1 Knoblauchzehe
1 Thymianzweig
1 Petersilienzweig
2 EL Öl
Pfefferkörner
Salz
1 Gewürznelke
1 Lorbeerblatt
2 EL Tomatenpüree
2-3 EL Mehl
200 ml Rotwein
nach Geschmack: 100 ml
trockener Sherry

◆ Den Ochsenschwanz in 4 bis 5 cm große Stücke hacken. Möhren und Sellerie in Würfel schneiden, Zwiebel, Knoblauch, Thymian und Petersilie hacken.
Öl erhitzen und den Ochsenschwanz anbraten, bis er eine schöne Farbe annimmt. Alle Gewürze, Zwiebel, Knoblauch, Kräuter, Möhren und Sellerie zugeben, mit Tomatenpüree anschwitzen und kurz dünsten. Mit Mehl bestäuben, mit Wein ablöschen und leicht eindicken lassen. 3 l Wasser zugießen und zwei bis drei Stunden köcheln.
Wenn das Fleisch weich ist, herausnehmen, vom Knochen lösen und in kleine Stücke schneiden. Die Flüssigkeit auf etwa 1 l einkochen, pürieren und durch ein feines Sieb streichen. Mit Pfeffer und Salz abschmecken, eventuell Sherry zugießen und die Fleischstücke zurück in die Suppe geben. Heiß servieren.

Biersuppe
Beer Soup

1 l dunkles Bier
120 g Zucker
4 Eigelb
100 ml Sauerrahm
gemahlener Zimt
Pfeffer, Salz

◆ Bier und Zucker in einen Topf geben und unter ständigem Rühren erhitzen, bis sich der Zucker auflöst. Den Topf vom Herd nehmen. Eigelb mit Sauerrahm vermischen und etwas heißes Bier unter Rühren beifügen. Die Mischung in den Topf geben. Bei schwacher Hitze unter stetem Rühren erwärmen, bis die gewünschte Dicke erreicht ist – nicht aufkochen! Eine Prise Zimt zugeben, mit Pfeffer und Salz abschmecken.

Die Butternut ist eine birnenförmige Kürbisart, etwas mehr als faustgroß, und hat einen sehr eigenen Geschmack. Butternut-Suppe ist eine der beliebtesten südafrikanischen Vorspeisen, vor allem zu Roastbeef oder Lammbraten.

◆ Die Butternuts schälen und würfeln. Den Apfel schälen, entkernen und klein schneiden. Die Pilze putzen und klein hacken.
In einer großen Pfanne Butter zerlassen und die Pilze andünsten. Curry beigeben und die Mischung leicht anbraten. Butternuts und Apfel hinzufügen und alles ein wenig dünsten. Mehl und eine Prise Muskat darüber streuen.
Die Brühwürfel in kochendem Wasser auflösen. Milch mit Salz zugießen und alles in die Pfanne geben. Bei mittlerer Hitze köcheln, bis die Butternut-Stücke weich sind, dabei ab und zu umrühren. Die Suppe sollte eine tiefgelbe Farbe annehmen und von cremiger Konsistenz sein.
Heiß servieren und jede Portion mit wenig Sahne und Petersilie garnieren.

Varianten:
▷ Die Butternuts durch Kürbis oder Avocado ersetzen.
▷ Statt der geriebenen Muskatnuss geraspelte Orangenschale verwenden.

Butternut-Suppe
Butternut Soup

für 8 Tassen

2 mittelgroße Butternuts
1 Apfel
2 mittelgroße Pilze
50 g Butter
1¼ TL Currypulver
40 g Mehl
geriebene Muskatnuss
2 Hühnerbrühwürfel
¾ l kochendes Wasser
½ l Milch
Sahne
gehackte Petersilie

Avocadosuppe
Avocado Soup

Avocados
Zitronensaft
Sahne
Hühnerbrühe
Pfeffer
Knoblauchsalz
Tabasco
Tomaten
Schnittlauch

◆ Die Avocados halbieren und entkernen, das Fruchtfleisch aus der Schale heben und mit einer Gabel zerdrücken. Mit Zitronensaft beträufeln. Sahne und Hühnerbrühe mit einem Schneebesen unterschlagen, bis die Masse cremig ist. Mit Pfeffer, Knoblauchsalz und Tabasco abschmecken. Tomaten häuten, klein schneiden und entkernen. In die Suppe geben und diese kalt stellen.
Zum Servieren einen Eiswürfel zugeben und mit Schnittlauch bestreuen.

Gemüse

◆ Kartoffeln schälen und in Salzwasser weich kochen. Währenddessen die Erbsen pürieren und die Zwiebel fein hacken.
In einem großen Topf Butter zerlassen und die Zwiebel 2 bis 3 Minuten anrösten. Den zerdrückten Brühwürfel und Pfeffer zugeben. Den Topf vom Herd nehmen, Kartoffeln und Erbsen unterrühren. Das Püree auf einem flachen Teller servieren – oder in eine Schale geben, festdrücken und auf einen Teller stürzen. Mit Schnittlauch bestreuen und servieren.
Eignet sich als Beilage zu einem Fleisch-Stew oder Ragout.

Kartoffeln und Erbsen
Potatoes and Peas

500 g Kartoffeln
500 g vorgekochte Erbsen
1 große Zwiebel
½ Tasse Butter oder
    Pflanzenöl
1 Brühwürfel (Rind)
1 TL schwarzer Pfeffer
1 EL fein gehackter
    Schnittlauch

◆ Die Waterblommetjie in 4 cm große Stücke schneiden. Die Kartoffel schälen und in Scheiben, Apfel und Zwiebel in kleine Stücke schneiden.
Die Zwiebel in Butter andünsten, Waterblommetjie, Apfel und Kartoffel beigeben, mit Wasser halb bedecken und weich kochen.
Mit einer Prise Muskat, Pfeffer und Salz würzen.

Variante:
Statt der Waterblommetjie Bohnen verwenden, die mit einer Knoblauchzehe gewürzt werden.

Waterblommetjie-Eintopf
Waterblommetjie Stew

400 g Waterblommetjie
1 Kartoffel
1 saurer Apfel
1 Zwiebel
2 EL Butter
geriebene Muskatnuss
Pfeffer, Salz

◆ Die Bohnen über Nacht in Wasser einweichen. Am nächsten Tag kurz aufkochen. Das Wasser abschütten, durch frisches Wasser ergänzen und die Bohnen eine Stunde köcheln. Alle Zutaten beifügen und bei schwacher Hitze weiter kochen ohne zu rühren.
Mit Pfeffer und Salz abschmecken.
Heiß oder kalt servieren.

Süßsaure Indianerbohnen
Sousboontjies

am Vortag beginnen

200 g getrocknete Indianer-
    oder andere rote Bohnen
50 ml Essig
30 g Zucker
30 g Butter
1 EL Senf
1 EL Sherry
Pfeffer, Salz

Grüne Bohnen mit Curry
Kerrie Groen-Boontjies (indisch)

am Vortag beginnen

500 g getrocknete grüne
    Bohnen
2 Tomaten
2 Zwiebeln
1 Knoblauchzehe
2 EL Öl
1 TL rotes Chilipulver
2 TL Koriander
1 TL Kümmel
1-2 EL Turmeric
Pfeffer, Salz
1 EL Zuckerrübensirup
1 Zimtstange
1 EL Senf
100 ml Essig
1 Tasse Zucker

◆ Die Bohnen über Nacht in Wasser einweichen. Am nächsten Tag abschütten und mit frischem Wasser abspülen. Tomaten häuten und fein würfeln, Zwiebeln und Knoblauch hacken.
Zwiebeln und Knoblauch in Öl glasig dünsten. Chili, Koriander, Kümmel und Turmeric zugeben und 5 Minuten dünsten. Die Bohnen mit allen anderen Zutaten beifügen und etwa anderthalb Stunden köcheln, bis die Bohnen gar sind. Abschmecken und servieren.
Beilage: Chapati (Seite 128) oder Weißbrot, Mixed Fruit Pickles (Seite 126) und ein Chutney

Bohnen und Bananen
Beans and Bananas

für 4-6 Personen

500 g getrocknete Bohnen
Palmöl
1½ Brühwürfel
1 TL scharfes Chilipulver
4-6 grüne Bananen
1½ Tassen Garri oder
    Maniokgrieß

◆ Die Bohnen waschen und in knapp 1½ l Wasser etwa eine Stunde weich kochen. Palmöl, aufgelöste Brühwürfel, Chili und Salz unterrühren, nochmals erhitzen.
Die Bananen schälen und 10 bis 15 Minuten kochen.
An den Rand eines jeden Tellers eine Banane legen, die Bohnenmischung daneben platzieren und mit je 1 EL Garri bestreuen.

◆ Das Gemüse vorbereiten, kochen und in Stücke schneiden. Eine Schicht Gemüse in eine gebutterte Gratinschale geben, mit Käse bestreuen und mit Bechamelsauce übergießen. Dies ein- bis zweimal wiederholen, mit Bechamelsauce enden. Mit Paniermehl bestreuen und Butterflöckchen darauf setzen. Im heißen Ofen 20 Minuten überbacken, bis die Oberfläche goldbraun ist.

Gemüsegratin
Scalloped Vegetables

600 g verschiedene Gemüse
50 g Butter
½ l Bechamelsauce
250 g geriebener Cheddar
100 g Paniermehl

◆ Die Süßkartoffeln waschen, schälen und in Scheiben schneiden. In einer Pfanne etwas Butter zerlassen und die Kartoffelscheiben hineingeben. Mit Pfeffer, Salz, Zucker und Zimt würzen, wenig Wasser zugießen. Bei schwacher Hitze 10 bis 20 Minuten langsam köcheln, falls nötig, weiteres Wasser zugießen.

Geschmorte Süßkartoffeln
Braised Sweet Potatoes

Süßkartoffeln
Butter
Pfeffer, Salz
Rohzucker
gemahlener Zimt

◆ Die Süßkartoffeln waschen, schälen, trocknen, mit Öl einreiben und salzen. Auf ein Blech legen und im Ofen bei 140 bis 150° C backen, je nach Größe ein bis zwei Stunden. Mit einer Gabel prüfen, ob sie gar sind.
Mit Butter servieren.

Gebackene Süßkartoffeln
Baked Sweet Potatoes

5-10 Süßkartoffeln
Sonnenblumenöl

Süßkartoffeln werden mit Traubenmarmelade (Seite 136) zu vielen Gerichten serviert. Braaied Snoek (Seite 102) sind ohne Sweet Potatoes und Grape Jam in Südafrika kaum vorstellbar.

◆ Die Süßkartoffeln waschen, schälen und in etwa 100 g schwere Stücke schneiden. Mit Butter einreiben, pfeffern und salzen. In Alufolie einpacken und in die heiße Glut legen. Nach 15 bis 20 Minuten mit einer Gabel prüfen, ob sie gar sind.
Eignet sich hervorragend zu verschiedenen Grilladen.

Süßkartoffeln vom Holzkohlengrill
Braaied Sweet Potatoes (kap-malaiisch)

750 g Süßkartoffeln
100 g Butter
Pfeffer, Salz

Überbackene Süßkartoffeln
Mbatata

2 Süßkartoffeln
2 Eier
1 EL Zucker
1 TL Backpulver
1 EL Butter

Süßkartoffeln sind nicht nur bei der schwarzafrika-nischen Bevölkerung Südafrikas verbreitet, sie haben auch Eingang in die Küche der Weißen gefunden. Dieses Rezept stammt aus dem nördlichen Südafrika.

◆ Die Süßkartoffeln waschen, schälen, weich kochen und pürieren. Eier verschlagen und untermischen. Zucker, Backpulver und eine Prise Salz zugeben. In einer gebutterten feuerfesten Form bei mittlerer Hitze backen, bis sich eine goldbraune Kruste bildet.

Süßkartoffeln mit Ananas
Pineapple Mbatata

400 g Süßkartoffeln
1 kleine Ananas oder 1 kleine
   Dose Ananas in Scheiben
Butter
1 Scheibe Schinken
1 TL Rohzucker
Pfeffer, Salz

◆ Süßkartoffeln und Ananas schälen und in Scheiben schneiden.
Eine gebutterte Form mit den Kartoffelscheiben auslegen, den Schinken klein schneiden und darüber streuen. Die Ananasscheiben darauf legen, mit Zucker, Pfeffer und Salz bestreuen. Im Ofen bei mittlerer Hitze etwa 30 Minuten backen.

Gratinierte Süßkartoffeln
Sweet Potato Gratin

400 g Süßkartoffeln
Pfeffer, Salz
gemahlener Zimt
100-200 ml Milch
200 g Möhren oder gelbe
   Rüben
1 EL Butter
60 g Paniermehl

◆ Die Süßkartoffeln waschen, schälen und in 2 mm dicke Scheiben schneiden. Mit Pfeffer, Salz und einer Prise Zimt in der Milch 5 bis 10 Minuten bissfest kochen. Abgießen, die Milch auffangen und auf die Hälfte einkochen. Die Möhren in Scheiben schneiden und in Salzwasser bissfest kochen.
Kartoffeln und Möhren schichtweise in eine gebutterte Gratinform legen, mit der eingekochten Milch begießen und mit Paniermehl bestreuen. Im Ofen bei starker Oberhitze kurz überbacken.
Beilage: Springbock- oder Straußenfilet (Seite 93) mit einer kräftigen Sauce

Lammrücken auf Tomaten-Zucchini-Gemüse (siehe Seite 74)

Asiatische Küche: Gemüsecurry (siehe Seite 114) mit Samosas (siehe Seite 49)

Bobotie (siehe Seite 78) mit gelbem Gewürzreis und Beilagen

◆ Den Kürbis schälen, entkernen und in kleine Würfel schneiden.

1 l Wasser aufkochen, Kürbiswürfel mit Nelken und Zimt hineingeben und bei schwacher Hitze weich kochen. Maismehl einrühren und salzen. Ständig rühren, bis die gewünschte Festigkeit erreicht ist. Dann noch einige Minuten weiterkochen.

Kürbis-Mais-Püree
Umga
(traditionell afrikanisch)

1 frischer Kürbis
2 Gewürznelken
¼ TL gemahlener Zimt
150 g Maismehl

Kürbisblätter werden im Tsonga-Gebiet häufig gegessen. Sie sind bei uns auf dem Markt nicht erhältlich, können jedoch im Garten gezogen werden.

◆ Kürbisblätter und -blüten waschen und gegebenenfalls zerkleinern, in etwas Wasser kurz kochen. Tomaten würfeln und mit dem Erdnussmehl zugeben, alles etwa 15 Minuten köcheln, salzen.

Gekochte Kürbisblätter und -blüten
Tin'hwembe
(traditionell afrikanisch, nach Art der Tsonga)

1 Bündel Kürbisblätter und -blüten
2 Tomaten
4 EL Erdnussmehl

Kohlrouladen
Rolled Cabbage
(traditionell afrikanisch)

1 mittlerer Weißkohl
2 Zwiebeln
3 EL Öl
½ Tasse Maismehl
Currypulver
Pfeffer, Salz
2 Tomaten

◆ Die äußeren Blätter des Kohlkopfs entfernen und wegwerfen. Vier Bätter waschen und in kochendem Wasser blanchieren. Die Zwiebeln hacken und in Öl goldbraun braten. Maismehl, Curry, Pfeffer und Salz hinzugeben, unter stetem Rühren zu einer Paste vermengen.

Die blanchierten Kohlblätter mit der Paste bestreichen und einwickeln. Die Rouladen mit einem Zahnstocher fixieren.

Den restlichen Kohl zerkleinern und in einer Pfanne anbraten. Die Rouladen hinzugeben und mit Wasser knapp bedecken. Bei schwacher Hitze köcheln, bis nahezu alles Wasser verdampft ist. Tomaten würfeln, mit Curry, Pfeffer und Salz in die Pfanne geben, einige Minuten mitköcheln.

Fleisch

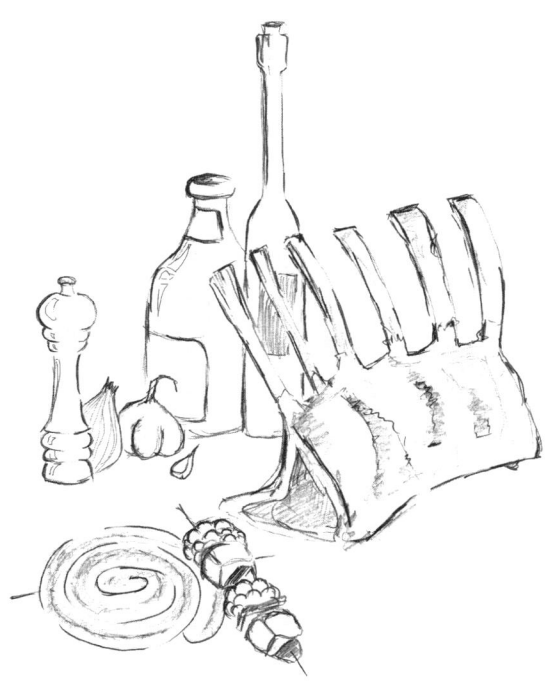

◆ Das Fleisch in Stücke schneiden und in Mehl wälzen. In einer Pfanne Butter zerlassen und das Fleisch anbraten. Speck und Gewürze beifügen, Wasser zugießen und das Fleisch zwei bis drei Stunden schmoren, bis es zart ist. Erkalten lassen. Für den Teig gesiebtes Mehl, Backpulver, Pfeffer und Salz vermengen. Etwas Milch und das Rinderfett hinzugeben, alles verkneten, bis ein fester Teig entsteht. Etwa 1 cm dick ausrollen und kleine Förmchen damit auslegen. Das Fleisch in die Förmchen geben und mit Teig bedecken. Einen großen Topf mit etwas Wasser füllen, die Förmchen hineinstellen, den Topf mit einem Deckel verschließen und erhitzen. Zwei bis zweieinhalb Stunden kochen.
Beilage: Petersiliensauce

Fleisch-Pasteten
Steamed Meat Pudding

5-6 Stunden Vorbereitungs- und Kochzeit

1 kg Rindfleisch (Rumpsteak oder Lendenstück)
Mehl
Butter
1 Stück klein gehackter Schinkenspeck
Pfeffer, Salz
1 Prise geriebene Muskatnuss
4-8 Gewürznelken

für den Teig:
500 g Mehl
2 TL Backpulver
Pfeffer, Salz
Milch oder Wasser
250 g gehacktes Rinderfett

◆ Die Bananen schälen, der Länge nach halbieren und in eine Schüssel mit kaltem Wasser legen. Rindfleisch und Tomaten in kleine Würfel, die Zwiebel in Scheiben schneiden.
Fleisch und Bananen abwechselnd in einen Topf schichten, Tomaten, Zwiebel, Zitronensaft, 1 TL Pfeffer, Salz sowie ½ l Wasser zugeben und alles zugedeckt 30 bis 40 Minuten dünsten. Die Kokosmilch zugießen, den Topf wieder schließen und kochen, bis nur noch wenig Flüssigkeit vorhanden ist.
Heiß servieren.

Variante:
Die Kokosmilch durch mit Wasser verdünnte Kokosmilch aus der Dose ersetzen.

Rindfleisch mit grünen Bananen und Kokosnuss
Beef with Green Bananas and Coconut

für 6-8 Personen

1 kg grüne Bananen
1 kg Rindfleisch zum Schmoren
3 Tomaten
1 große Zwiebel
1 kleine Zitrone (Saft)
Pfeffer, Salz
2 frisch geriebene Kokosnüsse (Milch)

Zebrafilet
Fillet of Zebra

1 Zebrafilet (800 g)
1 Zwiebel
Thymian
80 g frische Pilze
2 EL Butter
Lorbeerblätter
Pfeffer, Salz
Sahne

Bis vor wenigen Jahren wurde Zebrafleisch hauptsächlich zu Biltong (Trockenfleisch) oder Rauchfleisch verarbeitet. Das frische Fleisch war eher verpönt, da sich bei Tieren, die älter als zwei Jahre sind, eine übel riechende Fettschicht unter der Haut bildet. Zunehmend werden aber besonders Keule und Rücken der Jungtiere in der südafrikanischen Küche verwendet. Zebrafleisch ist kalorienarm, sein Geschmack im Vergleich zu deutschem Wild eher neutral.

◆ Das Zebrafilet säubern und in vier Teile schneiden. Zwiebel und Thymian hacken, Pilze schneiden.
In einer gusseisernen Pfanne Butter zerlassen und die Zebrafilets anbraten – je nach Geschmack blutig, medium oder durchgebraten. Die Filets warm stellen. In einer separaten Pfanne die Zwiebel in Butter glasieren, Pilze, Thymian und Lorbeer zugeben, 5 Minuten kochen. Mit dem entstandenen Bratensaft ablöschen, mit Pfeffer und Salz abschmecken.
Die Filets nochmals kurz erhitzen und auf Tellern servieren, mit der Pilzsauce übergießen und mit Sahne verfeinern.

◆ Das Fleisch waschen, trockentupfen und grob würfeln. Die Zwiebel fein hacken, den Apfel schälen und in kleine Würfel schneiden.
In einer Pfanne Öl erhitzen, das Fleisch in Mehl wälzen und von allen Seiten bräunen. Die Zwiebel zugeben und unter Rühren goldbraun rösten. Apfelwürfel, Tomatenmark, Gewürze sowie ½ l Wasser unterrühren und alles zugedeckt bei sehr schwacher Hitze etwa zwei Stunden köcheln. Dabei gelegentlich umrühren, wenn nötig, Wasser nachgießen.
Beilage: Reis

Rindfleisch-Curry
Beef Curry

2 Stunden Vorbereitungs-
   und Kochzeit
für 4-6 Personen

1 kg mageres, zartes
   Rindfleisch zum Schmoren
1 große Zwiebel
1 Apfel
4 El Olivenöl
Mehl
½ TL Chilipulver
½ kleine Dose Tomatenmark
   oder 4 ganze Tomaten aus
   der Dose
1 EL Currypulver
½ TL Kurkuma

◆ Die Nieren gründlich waschen und mit dem Fleisch in etwa 20 g große Würfel schneiden. Zwiebel und Knoblauch hacken.
Öl erhitzen und das Fleisch anbraten. Zwiebel, Knoblauch und Tomatenmark zugeben, anrösten. Mit Wein ablöschen und den Fond angießen, pfeffern und salzen, anderthalb Stunden köcheln. Mehl und Butter gut vermischen und in kleinen Flocken zum Abbinden in die Flüssigkeit geben. Alles in eine flache Form geben und erkalten lassen.
Den Ofen auf 200° C erhitzen. Den Blätterteig 6 mm dick ausrollen. Die Form an den Rändern mit verschlagenem Ei bestreichen und mit dem Teig zudecken. Mit dem restlichen Teig garnieren und in die Mitte ein Loch stechen, damit der Dampf entweichen kann. Mit Ei bestreichen und 20 Minuten backen.
Beilage: ein knackiger Blattsalat

Steak and Kidney Pie

2-3 Stunden Vorbereitungs-
   und Kochzeit

2 Lammnieren oder
   1 Kalbsniere
700 g Rindfleisch
1 Zwiebel
1 Knoblauchzehe
2 EL Öl
1 EL Tomatenmark
100 ml Rotwein
200-300 ml brauner
   Kalbsfond
Pfeffer, Salz
2 EL Mehl
30 g weiche Butter
200 g Blätterteig
1 Ei

Rindslendenbraten mit Yorkshire-Pudding
Roastbeef and Yorkshire Pudding

800-900 g Entrecôte
am Stück
1 TL englischer Senf (Pulver)
Pfeffer, Salz

für den Pudding:
100 g Kalbsnierenfett
300 g Mehl
400-500 ml Milch
5 Eier
30 g Kartoffelstärke
etwas geriebene Muskatnuss

Auch wenn dieses Gericht urenglisch ist, sei es hier erwähnt. Es ist für viele Weiße in Südafrika der traditionelle Sonntagsbraten und wird mit Meerrettich, Senf, einer dicken braunen Sauce und einer reichen Auswahl an frischen Gemüsen serviert.

◆ Das Fleisch mit Senf, Pfeffer und Salz würzen. Im Ofen bei 200 bis 230° C braten – nach etwa 35 Minuten ist das Fleisch blutig, nach 45 Minuten rosa und nach 55 Minuten durchgebraten.
Für den Pudding das Fett gitterartig leicht einschneiden, fein hacken und mit Mehl bestäuben. Milch und Eier verschlagen, Mehl und Stärke dazusieben, mit Muskat, Pfeffer und Salz würzen. Das Fett unterziehen und 10 Minuten mit dem Mixer rühren. Kleine Förmchen im Ofen bei 200° C vorheizen, ein paar Tropfen Öl hineingeben und zu zwei Drittel mit der Masse füllen. 10 bis 15 Minuten ausbacken.
Sofort mit dem Roastbeef servieren.

Ochsenschwanzragout
Oxtail Stew

3-4 Stunden Vorbereitungs-
und Kochzeit

1½ kg Ochsenschwanz
4-5 Möhren
1 Zwiebel
1 Knoblauchzehe
2 EL Öl
2 EL Tomatenmark
2 EL Mehl
200 ml Rotwein
1 Lorbeerblatt
2 Gewürznelken
1 TL Pfefferkörner
1 l Brühe oder brauner
Kalbsfond

◆ Den Ochsenschwanz in Stücke hacken. Möhren schälen, Zwiebel und Knoblauch hacken.
Öl erhitzen und den Ochsenschwanz anbraten. Erst Knoblauch und Zwiebel, dann das Tomatenmark zugeben und anrösten. Mit Mehl bestäuben, mit Wein ablöschen, die Gewürze beifügen und mit Brühe auffüllen. Etwa drei Stunden köcheln, wenn nötig, etwas Flüssigkeit nachgießen. Nach zwei Stunden die Möhren unzerkleinert zugeben. Am Ende der Kochzeit Fleisch und Möhren aus dem Topf nehmen, die Sauce durch ein Sieb passieren und abschmecken. Fleisch und Möhren zurück in die Sauce geben.
Beilage: gekochte Kartoffeln oder Kartoffelpüree

Glasierter Beinschinken ist das traditionelle Weihnachtsessen. Das Gericht braucht wenig Vorbereitungszeit und backt drei Stunden im Ofen vor sich hin.

◆ Den Schinken mit Senf sowie Ingwer einreiben und in einen Schmortopf mit der Fettschicht nach oben legen. ½ l Wasser, Lorbeer und Pfefferkörner zugeben. Mit Alufolie abdecken und im Ofen bei 160° C drei Stunden backen.
Herausnehmen und den Fond abgießen. Die Schwarte vom Fett lösen und die Fettschicht mit einem Messer kreuzweise einschneiden, so dass ein Trapezmuster entsteht.
Für die Glasur alle Zutaten außer den Nelken mischen und leicht erwärmen. Die Fettschicht damit einpinseln, die Nelken in das Fett stecken. Den Schinken im auf 200° C erhitzten Ofen weitere 30 Minuten garen.
Beilage: warme Früchte (Aprikosen, Pfirsiche, Kirschen, Ananas aus der Dose) und Baked Potatoes mit Sauerrahm

Glasierter Beinschinken
Baked Ham

4 Stunden Vorbereitungs-
   und Kochzeit

4-5 kg gekochter Bein-
   schinken mit Schwarte
1 TL englischer Senf (Pulver)
1 EL gehackter Ingwer
1 Lorbeerblatt
1 TL Pfefferkörner

für die Glasur:
250 g Aprikosengelee
3 cl Zitronensaft
3 EL Honig
4 EL gehackter Ingwer
10 Gewürznelken

◆ Für die Marinade Chilis und Knoblauch fein hacken, mit den übrigen Zutaten vermischen und über das Fleisch geben. Zwei Stunden ruhen lassen. Währenddessen die Pilze waschen und putzen, jedoch nicht zerkleinern. Kartoffeln schälen und in feine Scheiben schneiden. Die Kartoffelscheiben in eine gebutterte feuerfeste Form geben, Fleisch und Champignons darauf legen und im Ofen bei 200° C etwa 15 Minuten backen.
Beilage: Gemüsesalat und Knoblauchbrot

Pikante Lammkoteletts
*Spicy Lamb Chops
(kap-malaiisch)*

2 Stunden marinieren

200 g Champignons
8 kleine Kartoffeln
1 EL Butter
800 g Lammkoteletts

für die Marinade:
2 grüne Chilis
4 Knoblauchzehen
1 EL gehackter Ingwer
200 g Joghurt
1 TL Salz
1 TL Kümmel
1 TL Koriander
50 ml Öl

Lammrücken auf Tomaten-Zucchini-Gemüse
Canon of Karoo Lamb

700 g Lammrücken, vom
   Knochen ausgelöst
Pfeffer, Salz
3-4 EL Olivenöl
1 Rosmarinzweig
100 ml Portwein
400 ml gebundener Lamm-
   oder Kalbsfond
eventuell 2 EL Mehl und
   30 g Butter
4 Fleischtomaten
2 große Zucchini
1 Knoblauchzehe
1 TL gehacktes Basilikum

◆ Den Lammrücken pfeffern, salzen und in Öl rosa braten. Nach der Hälfte der Garzeit einen halben Rosmarinzweig zugeben und das Fleisch fertig garen.
Den Lammrücken herausnehmen und das Öl abgießen. Mit Portwein ablöschen, auf die Hälfte reduzieren, mit Fond auffüllen und 10 Minuten köcheln. Falls die Sauce zu wenig sämig ist, Mehl und Butter vermischen und in kleinen Flocken zum Abbinden in die Sauce geben.
Tomaten und Zucchini in Scheiben schneiden, Knoblauch hacken. Basilikum in Öl hell dünsten, Tomatenscheiben einzeln hineingeben und von beiden Seiten kurz braten. Herausnehmen und warm stellen. Knoblauch ins Öl geben, glasig dünsten, Zucchinischeiben beifügen und von beiden Seiten anbraten.
Tomaten- und Zucchinischeiben in der Mitte eines Tellers turmartig aufschichten, mit Pfeffer und Salz würzen. Das Fleisch in Scheiben schneiden und so auf das Gemüse legen, dass ein hoher Turm entsteht. Zuoberst ein kleines Stück Rosmarinzweig hineinstecken. Die Sauce rund um den Gemüse-Fleisch-Turm anrichten.
Beilage: Langkornreis oder Kartoffelgratin

Lamm und Gemüse
Lamb Potjie

für 4-6 Personen

6 kleine Kartoffeln
2 sehr reife Tomaten
1 große Zwiebel
2 Knoblauchzehen
¼ l Pflanzenöl
1 kg Lammrippchen oder
   -koteletts
Pfeffer, Salz
400 g frische grüne Bohnen

◆ Die Kartoffeln schälen und in Würfel schneiden, die Tomaten klein hacken. Zwiebel in Ringe schneiden, Knoblauch zerdrücken.
Öl erhitzen und die Zwiebelringe braun rösten. Lammfleisch, Knoblauch, 1 TL Pfeffer und Salz zugeben. Mit ½ l Wasser aufgießen und zum Kochen bringen. Tomaten, Kartoffeln sowie grüne Bohnen hinzufügen und zugedeckt etwa 45 Minuten kochen.
Beilage: Brot und Butter

◆ Das Lammfleisch in Würfel schneiden, pfeffern und salzen. Tomaten kreuzweise einschneiden und kurz in kochendes Wasser geben. Sobald sich die Haut löst, herausnehmen, in kaltem Wasser abschrecken und häuten, dann vierteln. Die Zwiebeln klein schneiden, den Knoblauch hacken.
In einer schweren Kasserolle Öl erhitzen, Zwiebeln und Knoblauch goldgelb anbraten. Erst das Fleisch hinzufügen und anbraten, dann das Tomatenmark. Mit Wein ablösen und mit Brühe auffüllen. Zugedeckt eine Stunde köcheln.
Die Kartoffeln schälen und in Scheiben schneiden, Thymian und Majoran fein hacken. Kartoffeln, Tomaten, Kräuter, Peperoni und Zucker zum Fleisch geben und alles etwa 30 Minuten garen.
Beilage: Reis

Variante:
Statt Lamm kann auch Rind- oder Schweinefleisch verwendet werden.

Tomaten-Lamm-Eintopf
Tomato Bredie
(kap-malaiisch)

2 Stunden Vorbereitungs-
   und Kochzeit

1 kg Lammfleisch (Schulter)
Pfeffer, Salz
1 kg Tomaten
2 Zwiebeln
1 Knoblauchzehe
2 EL Öl
2 EL Tomatenmark
100 ml Weißwein
300 ml Brühe
4 Kartoffeln
frischer Thymian
frischer Majoran
2 Peperoni
1 EL Zucker

◆ Das Lammfleisch in Würfel schneiden, pfeffern und salzen. Den Kürbis in kleine Würfel schneiden. Zwiebeln und Ingwer klein schneiden, Knoblauch hacken.
In einer schweren Kasserolle Öl erhitzen, Ingwer, Zwiebeln und Knoblauch anbraten. Das Fleisch hinzufügen und anbraten, mit Wein ablösen und mit Brühe auffüllen. Zugedeckt eine Stunde köcheln.
Die Kartoffeln schälen und in Scheiben schneiden. Mit Kürbis, Peperoni, Zimt und Zucker beifügen und alles weitere 30 Minuten garen.

Kürbis-Lamm-Eintopf
Pumpkin Bredie
(kap-malaiisch)

2 Stunden Vorbereitungs-
   und Kochzeit

1 kg Lammfleisch (Schulter)
Pfeffer, Salz
1 kg Kürbis
2 Zwiebeln
1 kleine Ingwerwurzel
1 Knoblauchzehe
2 EL Öl
100 ml Weißwein
300 ml Brühe
4 Kartoffeln
2 Peperoni
1 Prise gemahlener Zimt
1 EL Zucker

Waterblommetjie-Lamm-Eintopf
Waterblommetjie Bredie (kap-malaiisch)

2 Stunden Vorbereitungs-
und Kochzeit

1 kg Lammfleisch (Schulter)
Pfeffer, Salz
1 kg Waterblommetjie
2 Zwiebeln
1 Ingwerwurzel
1 Knoblauchzehe
2 EL Öl
100 ml Weißwein
300 ml Brühe
4 Kartoffeln
2 saure Äpfel
2 Peperoni
1 EL Zucker
1 TL geriebene Muskatnuss

◆ Das Fleisch in Würfel schneiden, pfeffern und salzen. Die Waterblommetjie putzen, in Stücke schneiden und in Wasser einlegen. Zwiebeln und Ingwer klein schneiden, Knoblauch hacken.
In einer schweren Kasserolle Öl erhitzen, Ingwer, Zwiebeln und Knoblauch anbraten. Das Fleisch hinzufügen und anbraten, mit Wein ablöschen und mit Brühe auffüllen. Zugedeckt eine Stunde köcheln.
Die Kartoffeln schälen und in Scheiben, die Äpfel schälen und in kleine Würfel schneiden. Kartoffeln, Peperoni, Waterblommetjie und Zucker zum Fleisch geben und etwa 30 Minuten weich kochen.
Kurz vor Ende der Kochzeit Äpfel und Muskat zugeben.

Die Malaiien verwenden Ziegenfleisch für diesen pikanten Eintopf, dessen Name »gut gewürztes Fleisch« bedeutet.

◆ Die Tamarindensamen in 100 ml Wasser etwa eine Stunde einlegen.
Die Samen absieben und den Saft zur Seite stellen.
Das Fleisch in 30 bis 40 g große Würfel schneiden, Zwiebeln und Knoblauch hacken.
In einer Pfanne Öl erhitzen, Zwiebeln, Knoblauch und Zucker andünsten. Aus der Pfanne nehmen.
In der gleichen Pfanne das Fleisch anbraten. Zwiebeln und Knoblauch zugeben, dann die Gewürze.
Alles bei mittlerer Hitze etwa anderthalb Stunden kochen. Den Tamarindensaft beigeben und weitere 30 Minuten kochen.
Beilage: gekochte Kartoffeln

Tamarindensamen sind im Reformhaus erhältlich. In Wasser eingelegt sondern sie einen säuerlichen, würzigen Geschmack ab. Statt Tamarindensaft lässt sich auch Zitronensaft oder 50 ml Rotweinessig verwenden.

Malaiischer Lamm-Eintopf
Denningvleis

3 Stunden Vorbereitungs- und Kochzeit
für 6 Personen

1 TL Tamarindensamen
1 kg Lammfleisch
2 Zwiebeln
2 Knoblauchzehen
3 EL Sonnenblumenöl
2 EL Zucker
4 Gewürznelken
4 Chilis
2 Lorbeerblätter
1 Prise geriebene Muskatnuss
Pfeffer, Salz

Hackfleischauflauf mit Curry, Mandeln und Früchten
Bobotie (kap-malaiisch)

für 8 Personen

1 Scheibe Weißbrot
¼ l Milch
2 Zwiebeln
2 Knoblauchzehen
1 EL Sonnenblumenöl
1 kg Hackfleisch (Lamm
    oder Rind)
Pfeffer, Salz
4 TL Currypulver oder
    Garam Masala
125 g Rosinen
125 g Mandelblättchen
125 g Aprikosenkonfitüre
125 g Frucht-Chutney
2 EL Zitronensaft
1 TL gehackte Petersilie
1 EL Butter
3 Eier
4 Lorbeerblätter
4 Bananen

◆ Das Brot in der Milch einweichen. Die Milch ausdrücken und aufbewahren. Zwiebeln und Knoblauch hacken.
Öl erhitzen, Zwiebeln und Knoblauch glasig dünsten. Brot und Hackfleisch zugeben und gut anbraten. Pfeffern und salzen, mit Curry bestäuben und bei mittlerer Hitze 20 Minuten braten. Rosinen, Mandeln, Konfitüre, Chutney, Zitronensaft und Petersilie zugeben und weitere 5 Minuten köcheln.
Alles in eine gebutterte Gratinschale geben. Eier und restliche Milch vermengen, über die Masse geben, mit Lorbeer und geviertelten Bananen garnieren. Im Ofen bei 180° C Oberhitze 10 bis 20 Minuten überbacken.

◆ Öl erhitzen und das Hackfleisch anbraten. Herausnehmen und warm stellen. Zwiebel und Knoblauch hacken. Sellerie, Lauch und Möhren in Würfel schneiden. Zwiebeln und Knoblauch in Öl dünsten, Kräuter und Gemüsewürfel zugeben und 5 Minuten dünsten. Das Tomatenpüree beifügen und gut anrösten. Das Fleisch zugeben, mit Wein ablöschen, auf die Hälfte reduzieren und mit Kalbsfond auffüllen. Mit Pfeffer und Salz abschmecken. 40 bis 50 Minuten köcheln, falls nötig, etwas Flüssigkeit nachgießen. In eine Gratinschale geben und kalt stellen.

Kartoffelpüree zubereiten und mit einem Spritzbeutel über das Hackfleisch spritzen – nach Belieben ein Gitternetz oder nur einen Rand formen oder ganz zudecken. Anschließend das Kartoffelpüree mit Ei bestreichen und alles im Ofen bei 180° C 20 Minuten backen.

Beilage: ein knackiger Salat

Hackfleischgratin
Cottage Pie

2 EL Öl
600 g Hackfleisch
1 Zwiebel
1 Knoblauchzehe
60 g Sellerie
60 g Lauch
60 g Möhren
1 Prise Thymian
1 Prise Oregano
1 Prise Basilikum
1 Prise Salbei
1 EL Tomatenpüree
100 ml Rotwein
½ l gebundener brauner
    Kalbsfond
Pfeffer, Salz
Kartoffelpüree
1 Ei

◆ Für die Füllung Zwiebel und Knoblauch hacken, mit Chili und Koriander in etwas Öl glasig dünsten. Das Fleisch zugeben und bei schwacher Hitze 15 Minuten braten, 1 TL Salz beifügen. Die Aubergine in kleine Würfel, die Spinatblätter in Streifen schneiden. Zugeben und 10 Minuten köcheln. Den Topf vom Herd nehmen und abkühlen lassen.

Eine Kuchenform einfetten, mit Teig auskleiden und die abgekühlte Mischung hineingeben. Mit geriebenem Käse bestreuen. Ei und Milch vermischen und darüber verteilen. Im Ofen bei 200° C etwa 30 Minuten backen.

Heiß servieren.

Beilage: Salate und Sambals (Seite 125)

Hackfleischkuchen mit Chili
Muttabah (kap-malaiisch)

500 g Blätterteig

für die Füllung:
1 Zwiebel
1 Knoblauchzehe
1 TL Chilipulver
1 TL Koriander
4 EL Öl
500 g Hackfleisch vom Rind
1 Aubergine
einige Spinatblätter
Fett
250 g Cheddar, Greyerzer
    oder Emmentaler
1 Ei
100 ml Milch

Fleischfrikadellen
Meat Balls
(traditionell afrikanisch)

1 Zwiebel
1 Knoblauchzehe
400 g Hackfleisch vom Rind
1 Ei
1 TL fein gehackte Petersilie
Pfeffer, Salz
3 EL Öl

◆ Zwiebel und Knoblauch hacken. Mit Fleisch, Ei, Petersilie, Knoblauch, Pfeffer und Salz zu einer festen Masse verarbeiten. Acht Frikadellen formen. Öl erhitzen und die Frikadellen von beiden Seiten je 3 Minuten braten.
Warm oder kalt servieren.

Fleischbällchen
mit Kohl
Meat Balls with Cabbage

für 6-8 Personen

1 großer Weißkohl
1 dicke Scheibe Weißbrot
1 große Zwiebel
1½ kg Hackfleisch vom Rind
1 Ei
1 EL fein gehackte Petersilie
½ TL geriebene Muskatnuss
1 l Rinderbrühe aus
    2 Brühwürfeln
2 EL Mehl

◆ Die Kohlblätter einzeln waschen und 3 bis 5 Minuten blanchieren. Aus dem Wasser nehmen und zur Seite legen. Das Brot in 1 Tasse Wasser einweichen, anschließend das Wasser ausdrücken. Die Zwiebel fein hacken.
In einer großen Schüssel Brot, Fleisch, Zwiebel, Ei, Petersilie und Muskat vermischen. In einem schweren Topf den Rinderfond zum Kochen bringen. Währenddessen die Fleischmischung zu kleinen Bällchen formen, auf die Kohlblätter legen und gut zusammenrollen.
Die Hitze reduzieren. Die Fleischbällchen vorsichtig in den Fond legen und zugedeckt zum Aufwallen bringen. Die Hitze wieder reduzieren und alles 40 bis 45 Minuten köcheln. Die Bällchen herausnehmen und in eine Servierschüssel schichten. Die köchelnde Brühe mit etwas Mehl eindicken und darüber gießen.
Beilage: Reis

Variante:
Statt Mehl lässt sich zum Eindicken auch eine Packung Pilzcreme- oder Zwiebelsuppe verwenden.

Wenn man den ganzen Kohlkopf blanchiert, lösen sich die einzelnen Blätter leichter und bleiben ganz.

◆ Die Tomaten häuten, die Pilze putzen und schälen, beides grob hacken. Das Öl erhitzen, Tomaten und Pilze anbraten. Die Hälfte der Mischung mit Hackfleisch und Haferflocken mischen. Milch, Essig, Worcestershiresauce, Pfeffer und Salz untermischen. Aus der Masse große Frikadellen formen und eng nebeneinander in einer feuerfesten Form anordnen. Das Tomatensuppenpulver mit Wasser anrühren und über die Frikadellen geben. Im auf 180° C vorgeheizten Ofen zugedeckt eine Stunde backen. Kurz vor dem Ende der Backzeit die restliche Tomaten-Pilz-Mischung über die Frikadellen geben.

Frikadellen
Frikkadels

für etwa 14 Stück

4 mittlere Tomaten
2 große Pilze
30 ml Sonnenblumenöl
1 kg Hackfleisch
50 g Haferflocken
125 ml Milch
30 ml Essig
15 ml Worcestershiresauce
Pfeffer, Salz
2 TL Tomatensuppenpulver

◆ Den Knochen mit einem scharfen Messer aus der Hammelschulter lösen und das Fleisch mit Pfeffer und Salz einreiben.
Für die Füllung den Schinken klein schneiden, das Ei schlagen, die Walnüsse hacken. Alles mit den übrigen Zutaten vermischen. Die Masse in den Hohlraum, den der Knochen hinterlassen hat, geben und das Fleisch darüber einrollen. Den Braten mit Garn fixieren.
In einer hohen Pfanne das Fleisch von allen Seiten braun anbraten. Wenig Wasser zugießen und das Fleisch zugedeckt zwei bis drei Stunden gar schmoren.

Gefüllte Hammelschulter
Rolled Shoulder of Mutton

3-4 Stunden Vorbereitungs- und Kochzeit

1 Hammelschulter
Pfeffer, Salz

für die Füllung:
1 kleines Stück Schinken
1 Ei
6 Walnüsse
1 Tasse Brotkrumen
2 EL Zitronensaft
¼ TL gemischte Kräuter
4 Gewürznelken
Salz

Springbock mit getrockneten Früchten
Springbok Pie with Dried Fruits

2 Tage marinieren,
    4-5 Stunden
    Vorbereitungs- und
    Kochzeit

2 kg Springbockfleisch
    (Schulter)
500 g Lammfleisch (Keule)
250 g Speck
150 g Champignons
2-3 Knoblauchzehen
2 Zwiebeln
2 Möhren
100 g Sellerieknollen
1 kleine Stange Lauch
Öl
1 EL Tomatenpüree
600 ml Wildfond
Pfeffer, Salz
2 EL Mehl
100 g geröstete, gemahlene
    Haselnüsse
200 ml Sauerrahm
2 EL Butter
500 g Blätterteig
1 Ei

◆ Das Springbockfleisch in 20 bis 30 g große Würfel schneiden. Für die Marinade alle Zutaten vermischen und das Fleisch zwei Tage darin einlegen. Die Marinade abgießen und das Fleisch im Sieb stehen lassen, bis es nicht mehr feucht ist. Die Marinade aufkochen, den Schaum mit einer Kelle abschöpfen.

Das Lammfleisch in 20 bis 30 g große Würfel, den Speck in Streifen schneiden. Champignons vierteln und Knoblauch hacken. Zwiebeln, Möhren, Sellerie und Lauch in Würfel schneiden.

In einer Kasserolle Öl erhitzen und den Speck knusprig braten. Herausnehmen und zur Seite legen. Nacheinander im gleichen Öl Lammfleisch und Springbock gut anbraten, herausnehmen und zur Seite stellen. Zwiebeln und Knoblauch im gleichen Öl rösten, Gemüsewürfel und Tomatenpüree zugeben, anrösten und mit der Marinade ablöschen. 5 Minuten kochen und mit Wildfond auffüllen. Fleisch und Speck zugeben, pfeffern und salzen, bei schwacher Hitze drei Stunden kochen. Wenn nötig, etwas Flüssigkeit auffüllen. 30 Minuten vor Ende der Garzeit Mehl zum Abbinden in die Sauce sieben.

Wenn das Fleisch gar ist, Haselnüsse und Sauerrahm zugeben und in einer gebutterten feuerfesten Form erkalten lassen.
Den Ofen auf 200° C vorheizen. Blätterteig 3 mm dick ausrollen. Die Form an den Rändern mit Ei einstreichen und mit dem Teig zudecken. Mit dem restlichen Teig garnieren und in die Mitte ein Loch stechen, damit der Dampf entweichen kann. Mit Ei einstreichen und 15 Minuten bei 230° C, dann weitere 20 Minuten bei 180° C backen.
Für die Sauce die Trockenfrüchte knapp mit Wasser bedecken, die Vanillestange der Länge nach aufschneiden, das Mark herausnehmen und zugeben. 20 Minuten köcheln, mit Zimt würzen.

für die Marinade:
3 EL Johannisbeergelee
2 EL Rotweinessig
4 EL Portwein
200 ml kräftiger Rotwein
1 gehackte kleine Zwiebel
1 Rosmarinzweig
3 Wacholderbeeren
1 Lorbeerblatt
½ TL geriebene Muskatnuss
½ TL Pfeffer
½ TL fein gehackter Ingwer
1 Gewürznelke
Salz

für die Sauce:
500 g getrocknete Früchte
    (Pflaumen, Aprikosen,
    Äpfel, Birnen, Sultaninen)
½ Vanillestange
1 TL gemahlener Zimt

Springbockrücken auf Süßkartoffeln
Saddle of Springbok on Sweet Potatoes

1 EL Öl
700 g Springbockrücken,
  vom Knochen ausgelöst
200 ml Rotwein
½ l Wildfond
2 EL Mehl
Butter
50 ml Crème de Cassis
500 g Süßkartoffeln
1 EL Zucker
Pfeffer, Salz
½ TL gemahlener Zimt

◆ In einer Pfanne Öl erhitzen und das Fleisch rosa braten. Warm stellen. Das Fett abgießen, die Bratenreste mit Wein ablöschen, auf die Hälfte reduzieren. Mit Wildfond auffüllen und wiederum auf die Hälfte einkochen. Mehl und 30 g Butter gut vermischen und in kleinen Flocken zum Abbinden in die Flüssigkeit geben. Crème de Cassis zugießen und abschmecken.

Die Süßkartoffeln waschen, schälen und in 2 bis 3 mm dicke Scheiben schneiden, anschließend in Zuckerwasser kochen. Vor dem Servieren in 2 EL zerlassener Butter schwenken, mit Pfeffer, Salz und Zimt würzen.

Die Süßkartoffeln in der Mitte des Tellers turmartig aufeinander schichten, den Springbockrücken in Scheiben schneiden und darauf legen. Die Sauce darum herum gießen und servieren.

Beilage: in Butter kurz angebratene Zuckererbsen mit gerösteten Pinienkernen

Springbockrücken mit Aprikosenfüllung
Saddle of Springbok with Apricots

150 g getrocknete Aprikosen
2-3 kg Springbockrücken
Pfeffer, Salz
60 g Früchte-Chutney
2 EL gehackte Kräuter
  (Thymian, Oregano,
  Basilikum, Rosmarin)
4 Knoblauchzehen
200-300 g gekochter Speck
  in Scheiben

◆ Die Aprikosen in Streifen schneiden und 30 Minuten in Wasser einlegen. Den Springbockrücken entlang dem Rückenwirbel auf beiden Seiten bis zum Rippenknochenansatz einschneiden, mit Pfeffer und Salz würzen, mit Chutney gut einreiben und mit Kräutern bestreuen. Aprikosen und gehackten Knoblauch in die zwei Spalten füllen, den Rücken mit Speckscheiben abdecken und mit Garn fixieren.

Im Ofen bei 180° C 40 Minuten braten – das Fleisch soll noch rosa sein: Durchgebratener Springbock ist sehr trocken und verliert an Geschmack.

Beilage: gebackene Kartoffeln und in Butter gedünstete Herbstgemüse (Wurzeln, Kohl etc.)

◆ Für die Marinade die Zwiebeln vierteln und den Knoblauch hacken. Mit den übrigen Zutaten vermischen und 5 Minuten kochen. Das Fleisch in 30 g große Würfel schneiden und in die warme Marinade legen. Über Nacht im Kühlschrank ruhen lassen.

Am nächsten Tag die Aprikosen in Wasser einweichen. Abwechselnd Fleisch und Aprikosen auf Spieße stecken und auf dem Holzkohlengrill garen.

Beilage: gelber Gewürzreis oder Mealie Pap (Seite 117)

Fleischspieße
mit Aprikosen
Sosaties (kap-malaiisch)

am Vortag beginnen

400 g Lammfleisch (Keule
   oder Schulter)
400 g Schweinefleisch
   (Hüfte)
100 g getrocknete Aprikosen

für die Marinade:
3 Zwiebeln
3 Knoblauchzehen
4 EL Aprikosengelee
1 EL brauner Zucker
2 EL Currypulver
1 TL Maisstärke
1 EL Weinessig
Pfeffer, Salz

Schweinefleisch-Spießchen mit Erdnusssauce
Porc Sosaties with Peanutsauce

am Vortag beginnen

1 kg Schweinefleisch (Hüfte,
    Hals oder Rückensteak)

für die Marinade:
1 Zwiebel
1 Knoblauchzehe
1 TL gehackter Ingwer
1 TL Fenchelsamen
1 TL Koriander
1 rote getrocknete Chili oder
    3-4 Tropfen Tabasco
Pfeffer, Salz
3 EL Zitronensaft
50 ml Öl

für die Erdnusssauce:
200 g Erdnussbutter
2 gehackte Knoblauchzehen
1 TL gehackter Ingwer
1 Prise Kardamom
1 Prise Kümmel
3 Tropfen Tabasco
¼ TL Paprikapulver
Pfeffer, Salz
250 g Joghurt

◆ Für die Marinade Zwiebel und Knoblauch hacken. Mit den übrigen Zutaten vermischen. Das Schweinefleisch in Würfel schneiden, in die Marinade legen und über Nacht ruhen lassen.
Am nächsten Tag das Fleisch aus der Marinade nehmen und auf Spieße stecken. Auf einem Holzkohlengrill unter stetem Wenden etwa 15 Minuten grillen, bis das Fleisch weich ist. Dabei gelegentlich mit der restlichen Marinade bestreichen.
Für die Erdnusssauce alle Zutaten außer dem Joghurt vermischen und schwach erhitzen – die Sauce darf nicht kochen! Zuletzt den Joghurt unterziehen.
Die Sauce warm oder kalt zu den Spießen servieren.
Beilage: Reis und Salat

◆ Für die Marinade alle Zutaten vermischen und aufkochen. Über die Schweinerippen gießen und zwölf Stunden ruhen lassen, dabei ab und zu wenden.
Die Schweinerippen auf einem Holzkohlengrill etwa 30 Minuten garen, dabei gelegentlich mit der restlichen Marinade bestreichen – die Rippen dürfen ruhig eine dunkle Farbe annehmen. Sobald sich das Fleisch von den Rippen löst, sind sie gar.
Beilage: Weißbrot und Salat

Variante:
Statt auf dem Holzkohlengrill können die Spareribs auch im Ofen bei etwa 180° C gebraten werden.

Schweinerippen süß-sauer
Sweet-and-sour Spareribs

12 Stunden marinieren

2 kg Schweinerippen

für die Marinade:
3 EL Sojasauce
2 EL Honig
100 ml Sherry
1 gehackte Knoblauchzehe
1 EL gehackter Ingwer
1 EL Essig
200 ml Ketchup oder
    Tomatensauce
Pfeffer, Salz

◆ Für die Marinade alle Zutaten miteinander verrühren. Die Lammkeule acht bis zwölf Stunden darin einlegen, dabei ab und zu wenden.
Die Marinade abgießen und auffangen. Die Keule bei mittlerer Hitze etwa eine Stunde grillen – nicht zu lange, da das Fleisch sonst austrocknet; es sollte noch rosa sein. Dabei gelegentlich mit der restlichen Marinade bestreichen.
Beilage: Gemüseratatouille und gebackene Kartoffeln

Variante:
Die Lammkeule durch Keule vom Springbock ersetzen.

Lammkeule mit Buttermilchmarinade
Leg of Lamb with Buttermilksauce

8-12 Stunden marinieren

1½ kg Lammkeule

für die Marinade:
1 Zitrone (Saft)
2 gehackte Knoblauchzehen
1 Thymianzweig oder ½ TL
    getrockneter Thymian
1 TL frischer oder ½ TL
    getrockneter Oregano
250 g Buttermilch
Pfeffer, Salz

Gepökeltes Fleisch
Biltong
(traditionell afrikanisch)

3-4 Tage Vorbereitungszeit

2 kg Fleisch (Wild, Strauß,
    Rind)
1 EL Koriandersamen
1 EL Pfefferkörner
3 EL brauner Zucker
½ TL Salpeter
½ TL Sodabikarbonat
150 ml Rotweinessig

In unseren Breitengraden ist die Herstellung von Biltong nicht einfach, da viel warme und vor allem trockene Luft nötig ist. Jeder Farmer hat sein eigenes Rezept fürs Pökeln.

◆ Das Fleisch in 10 bis 20 cm lange und 3 bis 5 cm dicke Streifen schneiden. Den Koriander bei mittlerer Hitze rösten, mit den Pfefferkörnern im Mörser zermahlen, mit Zucker, Salpeter und Sodabikarbonat vermischen.
Die Fleischstreifen mit Essig einreiben, schichtweise in eine Form legen, mit 60 g Salz sowie der Gewürzmischung bestreuen und im Kühlschrank ruhen lassen. Nach zwölf Stunden die dünneren Streifen herausnehmen, die dickeren weitere zwölf Stunden marinieren und dann genauso wie die dünneren behandeln.
Die Fleischstreifen kurz in kochendes Wasser tauchen und anschließend gut abtrocknen. An einem S-förmigen Haken aufspießen und an einem luftigen Ort aufhängen. Genügend Abstand zwischen den Haken lassen, damit die Luft zirkulieren kann. Nach zwei bis drei Tagen sollte das Biltong trocken sein. Die Trocknungszeit hängt von Temperatur, Luftzirkulation und persönlicher Präferenz ab.

◆ Die Kutteln reinigen und in 3 mal 3 cm große Würfel schneiden. In Salzwasser etwa zwei Stunden garen, dann abkühlen lassen.

Für den Teig das Ei aufschlagen, mit einem Schuss Milch, Bier und Backpulver zum Mehl geben und zu einer flüssigen Masse verarbeiten. Das Eiweiß steif schlagen und unterziehen, salzen.

Die Kutteln pfeffern, in Mehl wälzen, im Teig wenden und in heißem Öl etwa 5 Minuten knusprig ausbacken.

Beilage: Kartoffeln oder Pommes frites, Tomatensauce und Salat

Kutteln im Backteig
Deepfried Tripes

2 Stunden Vorbereitungs-
  und Kochzeit

1 kg Kutteln
1 EL Salz
1 TL weißer Pfeffer
200 ml Öl

für den Teig:
1 Ei
Milch
etwa 200 ml Bier
1 TL Backpulver
100 g Mehl
1 Eiweiß

Boerewors ist eine traditionelle Speise der Afrikaner. Das Rezept ergibt etwa 3½ kg Wurst, die im Kühlschrank etwa zehn Tage haltbar ist, im Tiefkühlfach mindestens drei Monate.

◆ Alle Zutaten gründlich miteinander vermengen.
Die Masse straff in die Wursthüllen abfüllen.
Die Würste eignen sich zum Grillen.

Bauernbratwurst
Boerewors (burisch)

1½ kg Hackfleisch von Rind
  oder Lamm
1½ kg Hackfleisch vom
  Schwein
500 g Speckwürfel
25 g Salz
1 TL Pfeffer
50 g Koriander
1 Prise geriebene Muskatnuss
1 Prise Gewürznelkenpulver
1 Prise Thymian
1 Prise Cayennepfeffer
125 ml brauner Essig
1 gehackte Knoblauchzehe
4 EL Worcestershiresauce
85 g Wursthülle

Toad-in-the-Hole
(englisch)

500 g Schweinsbratwurst
  oder Boerewors
2 EL Schweineschmalz

für den Teig:
125 g Mehl
2 Eier
200 ml Milch
Pfeffer, Salz
geriebene Muskatnuss

Dieses Gericht ist eine Ableitung der englischen Nationalspeise Yorkshire-Pudding.

◆ Für den Teig das gesiebte Mehl und die Eier mit einem Holzlöffel verrühren. Langsam die Milch unterziehen, mit je einer Prise Pfeffer, Salz und Muskat abschmecken. Fest verschlagen, bis die Masse eine sämige Konsistenz hat, und 30 Minuten ruhen lassen.
Die Würste halbieren und mit 1 EL Schmalz in einer Pfanne anbraten. Das restliche Schmalz in eine feuerfeste Back- oder Gratinform geben und in den 220° C heißen Ofen schieben. Nach einigen Minuten die Würste in der Form verteilen, die Teigmasse darüber geben und alles 25 Minuten backen.
Heiß servieren.
Beilage: ein knackiger Blattsalat

Geflügel

◆ Das Filet waschen und trockentupfen. In fünf Scheiben schneiden und quer halbieren. Die Nektarinen halbieren und in Spalten schneiden, die Trauben entkernen.

Öl erhitzen und die Fleischscheiben nacheinander 2 bis 3 Minuten unter Wenden anbraten. Mit Pfeffer und Salz würzen und warm stellen. Den Bratensatz mit Wein ablöschen. Senf und Konfitüre einrühren. Die Früchte beifügen und bei starker Hitze etwa 2 Minuten einkochen. Fleisch und Früchte getrennt servieren.

Beilage: Baguette, Salat

Straußenfilet mit Senffrüchten
Fillet of Ostrich with Mustard Fruits

für 6 Personen

600 g Straußenfilet
2 reife Nektarinen
200 g Weintrauben
   (weiß und blau)
2 EL Öl
Pfeffer, Salz
100 ml trockener Weißwein
1 EL Dijon-Senf
2 EL Aprikosenkonfitüre

◆ Das Huhn mit einer ganzen Zwiebel, Lauch, Pfefferkörnern, Lorbeer, Nelke und Salz in 2 l Wasser gar kochen. Herausnehmen und das noch warme Huhn enthäuten. Das Fleisch von den Knochen lösen und in mundgerechte Stücke schneiden. Den Fond durch ein feines Sieb passieren und ½ l Fond zur Seite stellen.

Möhren kochen und würfeln, Peperoni in kleine Würfel schneiden und blanchieren. Die Champignons vierteln, eine Zwiebel hacken, den Speck in feine Streifen schneiden.

In einer Pfanne Butter zerlassen, Zwiebel, Speck und Peperoni dünsten. Champignons und Möhren zugeben. Nach kurzem Dünsten mit Wein ablöschen und auf die Hälfte reduzieren. Mit Geflügelfond auffüllen und 10 Minuten köcheln. 30 g Butter und 2 EL Mehl gut vermischen und in kleinen Flocken zum Abbinden in die Sauce geben. Das Fleisch hineingeben, mit Pfeffer und Salz abschmecken, eventuell mit etwas Sahne verfeinern.

Hühnchenragout
Chicken Casserole

1 Huhn (1 kg)
2 Zwiebeln
1 Stange Lauch (nur weißer
   Teil)
1 TL Pfefferkörner
1 Lorbeerblatt
1 Gewürznelke
2 Möhren
1 Peperoni
200 g Champignons
6 Scheiben Speck
Butter
100 ml Weißwein
2 EL Mehl
Pfeffer, Salz
nach Geschmack: Sahne

Ente mit Orangen-Trauben-Füllung
Orange and Raisin Stuffed Duck

1 Ente (1½-2 kg)
Pfeffer, Salz
1 EL Öl
2-3 EL Zucker
30 g Butter
50 ml Rotwein
50 g Lauch
50 g Knollensellerie
50 g Zwiebeln
50 g Möhren
1 ungespritzte Orange
100 ml Orangensaft
¼ l gebundene braune Sauce
　(möglichst Geflügel)
50 ml Grand Marnier oder
　Orangenbrandy

für die Füllung:
100 g Trauben
1 Bund Petersilie
1 ungespritzte Zitrone
1 ungespritzte Orange
400 g frisch geriebenes
　trockenes Weißbrot
3 EL Butter
2 Eier
Pfeffer, Salz

◆ Für die Füllung die Trauben häuten, halbieren und entkernen. Die Petersilie fein hacken. Die Schale von Zitrone und Orange fein abreiben, die Orange auspressen. Alle Zutaten in eine große Schüssel geben und mit den Händen verkneten.
Die Ente waschen und trockentupfen. Mit der Masse füllen, mit Pfeffer und Salz würzen. In einer Kasserolle mit etwas Öl bei mittlerer Hitze von allen Seiten anbraten. Im Ofen bei 180° C 70 bis 80 Minuten braten – das Fleisch sollte rosa bleiben.
Währenddessen in einer kleinen Pfanne den Zucker karamellisieren. 1 EL kalte Butter zugeben, mit Wein ablöschen und kochen, bis sich der Zucker aufgelöst hat. Erkalten lassen. Lauch, Sellerie, Zwiebeln und Möhren in kleine Würfel schneiden. Die Orange dünn schälen, die Schale in feine Streifen schneiden und blanchieren.
Die fertige Ente aus der Kasserolle nehmen und warm stellen. Öl aus der Kasserolle abschöpfen, die Gemüsewürfel hineingeben und rösten. Mit der Rotwein-Karamell-Mischung ablöschen, Orangensaft angießen und auf die Hälfte einkochen. Mit der gebundenen Sauce auffüllen und 10 Minuten kochen. Die Sauce durch ein feines Sieb passieren, mit Grand Marnier parfümieren, mit Pfeffer und Salz abschmecken. Die Orangenschalen zugeben und die restliche kalte Butter flockenweise in die Sauce rühren, damit sie einen schönen Glanz erhält.
Die Ente aufschneiden und mit der Füllung auf einem Orangensaucenspiegel anrichten, mit Orangenschnitzen garnieren.
Beilage: Bratkartoffeln und eine Gemüsegarnitur

◆ Die Trockenfrüchte 30 Minuten in Wasser einlegen. Währenddessen das Perlhuhn in zwölf Stücke zerlegen und mit Kräutern würzen. Die Zwiebel in Würfel schneiden.
Öl erhitzen und das Perlhuhn anbraten. Herausnehmen, die Zwiebel in derselben Pfanne rösten, mit Apfelsaft ablöschen und mit Brühe auffüllen. Die Fleischstücke in die Sauce geben und im Ofen 30 Minuten schmoren. Die Trockenfrüchte zugeben und weitere 10 Minuten schmoren. Fleisch und Früchte herausnehmen und die Sauce auf die Hälfte einkochen. Mehl und Butter gut vermischen und in kleinen Flocken zum Abbinden in die Sauce geben. Abschmecken und mit Früchten und Perlhuhnstücken in einer Schüssel servieren.
Beilage: In der malaiischen Küche wird dazu gelber Gewürzreis (Seite 118) serviert.

Geschmortes Perlhuhn mit Trockenfrüchten
Braised Guinea Fowl with Dried Fruit

300 g gemischte
   Trockenfrüchte
1 Perlhuhn (1 kg)
1 TL frischer Rosmarin
1 TL frischer Oregano
1 TL frisches Basilikum
1 Zwiebel
2 EL Öl
200 ml frischer Apfelsaft
200 ml Hühnerbrühe
2 EL Mehl
30 g weiche Butter
Pfeffer, Salz

◆ Für die Marinade alle Zutaten miteinander vermengen. Das Hühnchen in acht bis zehn Teile zerlegen, mit der Marinade einreiben und über Nacht im Kühlschrank ruhen lassen.
Am nächsten Tag die Marinade abgießen und auffangen. Die Hühnchenteile auf einem Holzkohlengrill oder im Ofen bei 200° C etwa 20 Minuten grillen, dabei mehrmals wenden und immer wieder mit Marinade bestreichen.
Butter zerlassen und Zitronensaft zugießen. Wenn die Hühnchen gar sind, mit der Mischung bestreichen und im Ofen bei etwa 100° C 5 Minuten ruhen lassen.
Beilage: gekochter Reis oder Weißbrot

Variante:
Auf die gleiche Art können Riesencrevetten oder ganze Fische zubereitet werden.

Glasiertes Hühnchen
Glazed Peri-Peri-Chicken (portugiesisch-mosambikanisch)

am Vortag beginnen
für 8 Personen

2 Hühnchen (je 1 kg)
60 g Butter
2 Zitronen (Saft)

für die Marinade:
2 gehackte Knoblauchzehen
1 EL Honig
2 EL Worcestershiresauce
3-4 EL Sonnenblumenöl
2 TL getrocknete, gemahlene
   Chilis

Breyani-Hühnchen
Chicken Breyani
(indisch)

1 Hühnchen (1½ kg)
Pfeffer, Salz
2 Zwiebeln
2 Knoblauchzehen
50 ml Öl
200 g Langkornreis
1 TL Koriander
1 EL Turmeric
2 Lorbeerblätter
1 TL gehackter Ingwer
1 TL Kümmel
3-4 Anissterne
1 EL Kardamom
1 Zimtstange
1 TL schwarze Pfefferkörner
2-3 TL Chilipulver
etwa ½ l Hühnerbrühe
150 g Kartoffeln
2 Fleischtomaten
1-2 Becher Joghurt
1 Zitrone (Saft)

◆ Das Hühnchen in acht bis zehn Teile zerlegen, pfeffern und salzen. Zwiebeln und Knoblauch hacken.

In einem Schmortopf Öl erhitzen, Reis, Zwiebeln und Knoblauch glasig dünsten. Alle Gewürze zugeben, mit Brühe auffüllen und 5 Minuten köcheln. Die Kartoffeln schälen, in etwa 1 cm große Würfel schneiden und in den Schmortopf geben, alles weitere 5 Minuten köcheln.

In einer Pfanne das Hühnchen kurz anbraten. In den Schmortopf geben und alles im Ofen bei 180° C 10 bis 15 Minuten schmoren. Nicht mehr umrühren, wenn nötig, etwas Flüssigkeit nachgießen. Die Tomaten häuten und würfeln, zugeben und weitere 10 Minuten köcheln. Zuletzt Joghurt sowie Zitronensaft unterheben und alles 5 Minuten ziehen lassen – nicht mehr kochen, da der Joghurt sonst ausflockt. Abschmecken und servieren. Falls der Reis zu trocken wird, vor dem Servieren etwas heiße Brühe zugeben.

Beilage: verschiedene Sambals und Chutney

Die Schärfe des Gerichts kann verändert werden, indem mehr oder weniger Chili verwendet wird. Wer nicht alle Gewürze einzeln besorgen will, kann sie als fertige Birjani-Gewürzmischung kaufen.

Variante:
Von Anfang an 1 Tasse eingeweichte Linsen mitkochen.

Springbockrücken auf Süßkartoffeln (siehe Seite 84)

Marinierte Garnelen (siehe Seite 108)

Rahmtorte (siehe Seite 139)

Biskuitrolle (siehe Seite 141)

◆ Knoblauch zerdrücken und mit 1 TL Salz vermengen. Die Fleischstücke damit einreiben. Mehl und Peri-Peri mischen, das Fleisch darin wenden und in einer heißen Pfanne rasch anbraten. Herausnehmen und in eine gebutterte Form legen, etwas Ananassaft zugießen. Im Ofen bei 180° C 30 Minuten goldbraun backen, dabei immer wieder mit Saft übergießen. Ananasscheiben auf die Fleischstücke legen und nochmals 5 Minuten backen.
Beilage: Reis oder Gemüse

◆ Das Hühnchen säubern und in acht bis zehn Stücke zerteilen. Zwiebeln in Scheiben schneiden, Knoblauch hacken.
In einer Pfanne Öl erhitzen und die Zwiebeln goldbraun anbraten. Alle Gewürze zugeben und mitdünsten. Das Fleisch beifügen, mit 100 bis 200 ml Wasser auffüllen und 20 Minuten köcheln.
Die Tomaten häuten, würfeln und zugeben, alles weitere 10 Minuten köcheln. Die Kartoffeln schälen, vierteln und mitköcheln, bis sie weich sind.
Beilage: Reis und verschiedene Sambals (Seite 125)

Hühnchen mit Ananas
Pineapple Peri-Peri-Chicken (kap-malaiisch)

4 Knoblauchzehen
8 Hühnchenbrüstchen oder
  -schenkel
25 g Mehl
1 TL Peri-Peri
1 EL Butter
1 große Dose Ananas

Curry-Hühnchen
Chicken Curry (indisch)

1 Hühnchen (1½ kg)
2 Zwiebeln
5 Knoblauchzehen
3 EL Öl
1 EL gehackter Ingwer
1 TL Turmeric
2 TL Kümmel
2 TL Koriander
1 TL Chilipulver
5 Kardamomsamen
1 EL Salz
2 Tomaten
3 Kartoffeln

Gefülltes Perlhuhn auf Wirsing
Guinea Fowl with Savoy

2 küchenfertige Perlhühner
  (je 900 g)
6 Scheiben Toastbrot
¼ l Milch
3 Zwiebeln
30 g Butter
50 g Rosinen
Pfeffer, Salz
4 EL Öl
1 kleiner Wirsing
  (etwa 800 g)
100 g Speckschwarte
375 ml Brühe
1 Zitrone (Saft)

◆ Die Perlhühner waschen und trockentupfen, von innen und außen salzen. Das Toastbrot klein schneiden, mit der heißen Milch übergießen und quellen lassen. Die Zwiebeln fein würfeln und in zerlassener Butter glasig dünsten. Mit Rosinen und Brot vermischen, mit Pfeffer und Salz kräftig würzen. Die Perlhühner mit der Mischung füllen und mit Zahnstochern verschließen. Nacheinander in heißem Öl rundum anbraten.
Die äußeren Blätter des Wirsings entfernen, den Kopf vierteln und klein schneiden. Im Bratfett andünsten. Speckschwarten zugeben und salzen. Brühe und Zitronensaft zugießen. Die Perlhühner darauf legen und im geschlossenen Topf bei mittlerer Hitze eine Stunde schmoren. Die Schwarten entfernen und abschmecken.

Fisch und Meeresfrüchte

◆ Die Tintenfischringe entweder portioniert kaufen oder den gesäuberten Körper des Tintenfischs in Ringe schneiden.

Für die Sauce die Tomaten klein schneiden. Zwiebeln und Knoblauch fein würfeln. Die Hälfte der Zwiebeln und des Knoblauchs in heißer Butter und Öl glasig werden lassen. Die Tomaten einrühren und bei mittlerer Hitze 10 Minuten einköcheln. Tomatenmark, Basilikum, Pfeffer und eine Prise Salz zugeben, alles abgedeckt etwa 3 Minuten kochen.

Währenddessen den Reis zubereiten.

In einer leicht erhitzten gusseisernen Pfanne die ungewürzten Tintenfischringe 5 Minuten erwärmen, das austretende Wasser abgießen. Restliche Zwiebeln und Knoblauch kurz in Butter und Öl anbraten, die Tintenfischringe hinzufügen und kurz mitbraten. Peri-Peri-Sauce darüber geben und alles bei schwacher Hitze zugedeckt 6 bis 7 Minuten garen.

Mit Peri-Peri-Pulver abschmecken und mit Sahne verfeinern. Auf gekochtem Reis mit der Tomatensauce servieren, mit Petersilie garnieren.

◆ Den Fisch waschen, entgräten, mit Pfeffer und Salz einreiben.

Für die Füllung alle Zutaten miteinander verrühren, ein paar Brotkrumen zurückbehalten. Den Fisch mit der Masse füllen und mit Garn verschließen. Mit zerlassener Butter einpinseln und mit den restlichen Brotkrumen garnieren. Auf ein eingefettetes Blech legen und im Ofen bei 180 bis 190° C 40 bis 60 Minuten backen.

Beilage: Kartoffeln und Butter

Calamares mit Peri-Peri
Octopus with Peri-Peri

750 g Tintenfischringe
4 Tomaten
2 Zwiebeln
1 Knoblauchzehe
2 EL Butter
2 EL Sonnenblumenöl
2-3 EL Tomatenmark
fein gehacktes Basilikum
Pfeffer, Salz
Reis
Peri-Peri-Sauce
Peri-Peri-Pulver
Sahne
Petersilie

Gefüllter Fisch
Stuffed Fish

1 kg Stockfisch, Kabeljau
    oder Lachs
Pfeffer, Salz
2 EL Butter

für die Füllung:
1½ Tassen Brotkrumen
1 EL klein gehackte Petersilie
1 TL klein gehackte Zwiebel
1 Ei

Eingelegter Fisch
Pickled Fish

3 Tage Vorbereitungszeit
für 6-8 Personen

3 große Zwiebeln
125 ml Pflanzenöl
1½-2 kg Heilbuttfilets
125 g Zucker
1 TL Cayennepfeffer
3-4 TL Currypulver
2 TL Kurkuma
1 TL gemahlener Koriander
1 TL Salz
1 EL fein geraspelter Ingwer
3-4 Lorbeerblätter
¼ l Wasser
½ l milder Essig

Dieses Gericht stammt aus der Kapregion und ist heute im ganzen Land beliebt. Der Fisch schmeckt besser, wenn man ihn drei Tage vor dem Servieren zubereitet und im Kühlschrank aufbewahrt. Dort hält er sich mehrere Wochen.

◆ Die Zwiebeln in Ringe schneiden und in heißem Öl 4 bis 5 Minuten rösten. Aus der Pfanne nehmen und zur Seite stellen. Die Fischfilets in dasselbe Öl geben und etwa 5 Minuten braten, dabei ab und zu umrühren – vorsichtig, damit der Fisch nicht in zu kleine Stücke zerfällt. Herausnehmen und zur Seite stellen. Alle übrigen Zutaten in die Pfanne geben und bei kleiner Hitze etwa 25 Minuten köcheln.
Fisch und Zwiebeln zurück in die Pfanne geben, zugedeckt weitere 10 bis 15 Minuten köcheln. Den Fisch mit der Sauce in eine Glasschüssel legen und abkühlen lassen. Zugedeckt zwei bis drei Tage im Kühlschrank stehen lassen.

Barracuda vom Grill
Braaied Whole Snoek

1 ganzer Barracuda
   (1200-1500 g)
100 g Butter
Pfeffer, Salz
1 Zitrone (Saft)

◆ Den Fisch waschen und mit Küchenpapier trockentupfen. Mit zerlassener Butter einpinseln, mit Pfeffer und Salz würzen, mit Zitronensaft beträufeln – nicht zu stark salzen: Barracuda wird meist in einer Salzlauge vorbehandelt.
Die Grillplatte oder den Rost auf der Holzkohle erhitzen und den Fisch mit der Hautseite nach unten darauf legen. Während des Garens mit zerlassener Butter einpinseln, damit der Fisch saftig und geschmackvoll bleibt. Nach etwa 5 Minuten umdrehen und die andere Seite 5 bis 10 Minuten grillen – der Fisch braucht nur eine sehr kurze Garzeit!
Beilage: Kartoffeln und, für Liebhaber, Traubenmarmelade

◆ Die Sardellen mit Pfeffer und Salz würzen, in Mehl wälzen, durch die mit dem Ei verquirlte Milch ziehen und in Paniermehl wenden.
In einer Fritteuse Öl erhitzen und die Fische ausbacken.
Auf Küchenpapier kurz trocknen lassen und mit Zitronenschnitzen heiß servieren.
Beilage: Salzkartoffeln, Mayonnaise oder Remouladensauce – ideal auch als kleiner Snack zum Aperitif oder als Vorspeise

Gebackene Sardellen
Crumbed Anchovis

500 g ganze frische Sardellen
    oder Sardinen
Pfeffer, Salz
50 g Mehl
1-2 Eier
100 ml Milch
150 g Paniermehl
Öl zum Frittieren
1 Zitrone

◆ Die Fischfilets häuten und in 30 bis 50 g große Stücke zerteilen, mit Pfeffer und Salz würzen, in Mehl wenden.
In einer Pfanne Öl erhitzen und die Stücke von beiden Seiten kurz anbraten. In eine flache Schüssel mit Rand legen.
Die Zwiebeln klein schneiden und in etwas Öl glasig dünsten. Alle anderen Zutaten beifügen und bei schwacher Hitze 10 Minuten kochen. Mit einer Kelle vorsichtig über die Fischfilets verteilen und zwei bis drei Tage in den Kühlschrank stellen.
Kalt servieren.

Eingelegter Fisch mit Gemüse
Pickled Fish with Vegetables (indisch)

2-3 Tage Vorbereitungszeit

800 g Fischfilets (Kabeljau,
    Seehecht, Dorsch)
Pfeffer, Salz
Mehl
50 ml Öl
4 Zwiebeln
80 g Zucker
1-2 EL Currypulver
1 EL Turmeric
1 Lorbeerblatt
1 TL Anis
1 TL Koriander
1 EL gehackter Ingwer
½ l Essig
100 g Möhrenstreifen
100 g Zucchinistreifen
100 ml Gemüsebrühe

Gebratene Hechtfilets
Fillet of Hake »Elangeni«

4 Seehechtfilets (je 200 g)
1 Zitrone (Saft)
Pfeffer, Salz
Currypulver
Mehl
50 g Butter
2 Bananen
100 g gehobelte Mandeln

*Im Hotel Elangeni in Durban ist der Einfluss der in-
dischen Küche auf die klassischen europäischen Gerichte gut zu spüren. Das Resultat ist phänomenal!*

◆ Die Fischfilets mit Zitronensaft beträufeln. Pfeffer, Salz und Curry mischen und den Fisch damit
würzen, in Mehl wenden. Butter zerlassen und die
Filets nacheinander braten. Herausnehmen und
im Ofen warm stellen.
Die Bananen vierteln, in derselben Butter braten
und auf den Filets verteilen.
In einer separaten Pfanne 1 EL Butter zerlassen,
die Mandeln goldgelb rösten und über Fische und
Bananen streuen.
Beilage: gelber Gewürzreis (Seite 118)

Fisch »Plaki«
Plaki

2 kg Lachs
Pfeffer, Salz
1 Zitrone (Saft)
2 Zwiebeln
2 Knoblauchzehen
1 Bund Petersilie
Öl
1 Dose geschälte Tomaten
1 Glas trockener Weißwein
1 ungespritzte Zitrone

*Ein Rezept, das vermutlich von eingewanderten
Griechen mitgebracht wurde.*

◆ Den Fisch nach dem Schuppen an einigen Stellen einschneiden ohne ihn zu zerteilen. Mit Pfeffer,
Salz und Zitronensaft würzen und in eine Schmor-
pfanne legen. Zwiebeln, Knoblauch und Petersilie
hacken und über den Fisch geben. Alles in Öl anbraten.
Sobald die Zwiebeln glasig werden, die Hälfte der
Tomaten beifügen und bei schwacher Hitze einige
Minuten braten. 1 EL Wasser zugeben, einige Minuten schmoren, dann Wein, restliche Tomaten
und hauchdünne Zitronenscheiben zugeben. Bei
mittlerer Hitze weitere 45 Minuten schmoren.
Warm oder kalt servieren.

◆ Die Seezungenfilets pfeffern und salzen, mit der Außenseite nach innen rollen. Die Pilze in Scheiben schneiden, die Schalotte fein hacken. Die Trauben häuten, halbieren und entkernen.
Die Schalotten in Butter glasig dünsten. Pilze und Estragon zugeben, dünsten. Wein und Fischfond angießen. Die Fischrollen darauf verteilen, mit Pergamentpapier abdecken und 5 bis 10 Minuten pochieren. Den Fisch herausnehmen, warm stellen und die Flüssigkeit auf etwa 300 ml einkochen. Etwas Mehl und wenig Butter gut vermischen und in kleinen Flocken zum Abbinden in die Sauce geben. Sahne und Eigelb verquirlen und mit dem Schneebesen in die nicht mehr kochende Sauce rühren. Sobald sie dicker wird, die Trauben zugeben und über die Fischrollen geben.
Beilage: feine Butternudeln, Kartoffelpüree oder Langkornreis

◆ Die Fischfilets in Würfel zerteilen, pfeffern und salzen, gründlich in Mehl wenden. Kartoffeln und Perlzwiebeln schälen, Kartoffeln würfeln und beides in Salzwasser blanchieren. Abgießen und erkalten lassen.
Butter zerlassen und den Fisch goldbraun braten. Warm stellen.
In einer kleinen Pfanne ohne Fett den Koriander rösten – nicht zu heiß, da er schnell verbrennt. Erkalten lassen.
Zwiebeln und Kartoffeln in etwas Butter anbraten, Essig und Koriander zugeben und zugedeckt köcheln, bis sie gar sind. Sultaninen und Tomaten zugeben, alles 1 bis 2 Minuten köcheln und die Fischfilets zugeben. Sofort servieren.

Seezungenfilets in Weißweinsauce
Sole Veronique

4 Seezungen, enthäutet
   und filetiert
Pfeffer, Salz
100 g Champignons
1 Schalotte
150 g Trauben
Butter
1 EL frischer Estragon
150 ml Weißwein
150 ml Fischfond
Mehl
100 ml Sahne
2 Eigelb

Lengfischeintopf mit Koriander
Jewelled Coriander Kingklip

600 g Lengfischfilets
Pfeffer, Salz
Mehl
250 g Kartoffeln
250 g Perlzwiebeln
80 g Butter
1 EL Koriandersamen
100 ml erstklassiger
   Weißweinessig
2 EL Sultaninen
250 g Cocktailtomaten

Fischfrikadellen
Fishballs (kap-malaiisch)

500 g gekochter Dorsch
    oder Kabeljau
5 Scheiben Weißbrot
1 Tomate
1 Zwiebel
1 Knoblauchzehe
2 Eier
Pfeffer, Salz
1 Prise geriebene Muskatnuss
2 EL gehackter Dill
Sonnenblumenöl zum
    Ausbraten

◆ Den Fisch in kleine Stücke zerpflücken. Das Brot kurz in Wasser einlegen, dann alle Flüssigkeit auspressen. Die Tomate klein schneiden, Zwiebel und Knoblauch hacken. Alle Zutaten gut miteinander vermengen. Aus der Masse kleine Bällchen formen und in heißem Öl etwa 5 Minuten braten.
Beilage: Reis und Tomatensalat

Variante:
Dorsch oder Kabeljau durch 2 Dosen Thunfisch ersetzen.

Geschmorter Barracuda
Gesmoorde Soutsnoek

am Vortag beginnen

500 g getrockneter Barracuda
3 Tomaten
2 Pilze
Butter

◆ Den Fisch über Nacht in kaltem Wasser einweichen. Am nächsten Tag das Wasser abgießen und den Fisch in frischem Wasser kochen. Mit einer Gabel zerkleinern und alle Gräten entfernen. Die Tomaten überbrühen, häuten und würfeln.
Butter zerlassen und die Pilze anbraten. Tomaten sowie Fisch zugeben. Bei mittlerer Hitze unter gelegentlichem Rühren erwärmen, bis der Fisch heiß ist.
Beilage: Reis und Tomatensauce

Kedgeree

500 g gekochter Fisch
2 EL Butter
500 g gekochter Reis
2 hart gekochte Eier
Pfeffer, Salz

◆ Den Fisch häuten, entgräten und zerkleinern.
In einer Pfanne Butter zerlassen und den Fisch hineingeben, vorsichtig umrühren. Reis und klein geschnittene Eier untermischen, mit Pfeffer und Salz abschmecken. Bei mittlerer Hitze unter leichtem Rühren erwärmen, bis der Fisch heiß ist.
Heiß servieren.

◆ Für den Fischsud alle Zutaten in 2 l Wasser 45 Minuten auskochen.
Den Fisch hineinlegen, erneut aufkochen und 30 bis 40 Minuten ziehen lassen.

Katfisch
Katfish

1 Katfisch

für den Fischsud:
1 Glas Essig
1 Glas Weißwein
2 Zwiebeln
1 Bund Petersilie
1 Lorbeerblatt
Pfefferkörner
Salz

◆ Die Langusten kopfüber in kochendes Wasser geben und 3 bis 4 Minuten kochen. Herausnehmen und in kaltem Wasser abschrecken. Mit einem großen Messer der Länge nach halbieren, das Fleisch herauslösen und in 2 cm große Würfel schneiden. Bei Hummer ebenfalls das Fleisch der Scheren verwenden; die Schalen des Körpers können für die Zubereitung einer Hummersauce oder -suppe verwendet werden.
Für die Sauce Zwiebel und Knoblauch hacken, in Öl dünsten, mit Curry bestäuben und weitere 2 Minuten dünsten. Mit Wein und Zitronensaft ablöschen, etwas einkochen. Fischfond sowie Aprikosenmarmelade zugeben und 15 Minuten köcheln. Die Tomaten häuten und den Apfel schälen, beides in kleine Würfel schneiden und beifügen. Mehl und Butter gut vermischen und in kleinen Flocken zum Abbinden in die Sauce geben. Die Sauce sämig kochen und das Langustenfleisch darin erwärmen.
In den ausgewaschenen Schwanzschalen anrichten.
Beilage: Reis und ein Chutney

Langusten in Currysauce
Curried Crayfish (indisch)

4 lebende Langusten oder
   Hummer

für die Sauce:
1 Zwiebel
1 Knoblauchzehe
100 ml Olivenöl
1-2 EL Currypulver
100 ml trockener Weißwein
1 Zitrone (Saft)
300 ml Fischfond
1 EL Aprikosenmarmelade
2 Tomaten
1 Apfel
Mehl
Butter

Überbackene Langustenschwänze »Themidor«
Crayfish Thermidor

4 lebende Langusten oder
    Hummer
50 g Butter
50 g Mehl
150 ml Milch
100 ml Fischfond
1 EL englischer Senf (Pulver)
150 ml Sahne
Pfeffer, Salz
1 Prise Cayennepfeffer
1-2 Spritzer
    Worcestershiresauce
50 g geriebener Greyerzer
50 ml Sherry

zum Überbacken:
80 g geriebener Greyerzer
80 g Paniermehl
Butter
Paprikapulver

»Thermidor« ist eine klassische französische Zubereitungsart, findet aber in Frankreich nur noch selten Platz auf der Speisekarte. In Südafrika ist sie so verbreitet und beliebt, dass sie hier als südafrikanische Spezialität erwähnt sei.

◆ Die Langusten kopfüber in kochendes Wasser geben und 3 bis 4 Minuten kochen. Herausnehmen und in kaltem Wasser abschrecken. Mit einem großen Messer der Länge nach halbieren, das Fleisch herauslösen und in 2 cm große Würfel schneiden. Bei Hummer ebenfalls das Fleisch der Scheren verwenden.
Die Schalen reinigen und mit der Öffnung nach oben auf eine Gratinschale oder ein Backblech legen. Butter zerlassen und Mehl einrühren. Mit kalter Milch und kaltem Fischfond auffüllen, 10 Minuten köcheln. Den Senf mit etwas Wasser anrühren und mit der Sahne in die Sauce geben. Mit Pfeffer, Salz, Cayennepfeffer und Worcestershiresauce abschmecken, Käse und Sherry zugeben, kurz kochen.
Das Langustenfleisch in die Sauce geben und damit die Schalen füllen. Mit Käse, Paniermehl und Butterflocken bedecken. Im heißen Ofen oder Grill überbacken.
Mit etwas Paprika bestreut servieren.
Beilage: Langkornreis

Marinierte Garnelen
Peri-Peri-Prawns
(mosambikanisch)

600 g Riesencrevetten
Fett

für die Marinade:
1 gehackte Knoblauchzehe
50 ml Peri-Peri-Öl
Pfeffer, Salz

◆ Für die Marinade alle Zutaten in einer Glasschale vermischen. Die Crevetten schälen und den Darm entfernen. Die Crevetten 15 Minuten marinieren – je länger sie in der Marinade bleiben, desto schärfer und würziger werden sie.
In einer Pfanne die Crevetten heiß anbraten und sofort servieren.
Beilage: Reis oder Weißbrot

Variante:
Die Riesencrevetten mit Schale auf einem Holzkohlengrill grillen.

Flüssige Knoblauchbutter ist in Südafrika eine beliebte Sauce zu grilliertem Fisch, Krustentieren oder Muscheln. Sie ist einfach und schnell zubereitet und schmeckt herrlich.

◆ Die Muscheln unter fließendem Wasser abbürsten und den Bart entfernen. Den Knoblauch fein hacken.
In einer Pfanne die Butter mit dem Knoblauch erwärmen, bis sie flüssig ist, eventuell Zitronensaft zugeben.
Muscheln in einen Drahtkorb legen und in einen Topf über kochendes Wasser hängen. Zugedeckt 10 Minuten kochen, bis sie sich öffnen. Muscheln, die sich beim Kochen nicht geöffnet haben, aussortieren – sie sind meist verdorben. In einem Suppenteller anrichten und mit flüssiger Knoblauchbutter servieren.
Beilage: frisches Weißbrot

◆ Die Muscheln waschen und den Bart entfernen, den Knoblauch hacken.
In einem großen Topf Öl stark erhitzen, Knoblauch und Muscheln schnell hineingeben, mit Wein und Zitronensaft ablöschen und zudecken. Die Muscheln sind nach 4 bis 5 Minuten gar.
Die leeren Hälften der Muschelschalen abbrechen und die vollen in eine feuerfeste Tonschale legen. Mit Parmesan bestreuen, mit etwas Knoblauch-Weißwein-Sud beträufeln, einige Butterflocken darauf geben und im vorgeheizten Ofen leicht überbacken.

Miesmuscheln mit Knoblauchbutter
Steamed Black Mussels with Garlic Butter

pro Person (als Vorspeise)

500 g Muscheln
2 Knoblauchzehen
100 g Butter
nach Geschmack:
    1 Zitrone (Saft)

Miesmuscheln mit Knoblauch
Garlic Mussels

2 kg Muscheln
5-6 Knoblauchzehen
150 ml Olivenöl
400 ml trockener Weißwein
1 Zitrone (Saft)
100 g geriebener
    Parmesankäse
200 g Butter

Geschmorte Napfschnecken
Alikreukels
»Thea van Oonrust«

7-8 Alikreukels
1 Schalotte
2 Knoblauchzehen
100 g Butter
50 ml trockener Sherry
200 ml Weißwein
Mehl
200 ml Sahne
Pfeffer, Salz

Nach dem Rezept eines kleinen Gasthauses in Oonrust bei Hermanus

◆ Die Schnecken in kaltem Wasser waschen und 15 bis 20 Minuten in Salzwasser kochen. Wenn sie gar sind, die Schalen entfernen und die Schnecken in feine Scheiben schneiden. Schalotte und Knoblauch hacken.
Schalotte und Knoblauch in Butter andünsten. Die Schnecken zugeben, mit Sherry ablöschen und mit Wein auffüllen. Mehl und Butter gut vermischen und in kleinen Flocken zum Abbinden in die Sauce geben. Einkochen, die Sahne beifügen und nochmals 35 Minuten kochen. Mit Pfeffer und Salz abschmecken.
Beilage: Reis

Fischeintopf
Fish Potjie

20 Miesmuscheln
8-12 Riesencrevetten
4 Stück Thunfisch oder Hai
 (je 60 g)
4 Stück Dorschfilet (je 60 g)
½ Zitrone (Saft)
1 Zwiebel
2 Knoblauchzehen
1 Peperoni
2 EL Olivenöl
1 EL Tomatenpüree
1 EL frischer Oregano
1 Lorbeerblatt
1 TL gestoßene schwarze
 Pfefferkörner
100 ml Weißwein
200 ml Fischfond

Dieses Gericht wird traditionell auf Holzkohle zubereitet, schmeckt aber auch aus einem Schmortopf.

◆ Die Muscheln waschen und den Bart entfernen. Die Crevetten schälen und den Darm entfernen. Den Fisch mit Zitronensaft beträufeln. Zwiebel klein schneiden, Knoblauch fein hacken, Peperoni in Streifen schneiden.
Einen gusseisernen Topf mit drei Beinen in die heiße Holzkohle stellen. Zwiebel und Knoblauch in Öl glasig dünsten. Tomatenpüree, Oregano, Lorbeer und Pfeffer kurz mitdünsten. Fisch, Peperoni, Muscheln und Crevetten zugeben. Mit Wein ablöschen, mit Fischfond auffüllen und je nach Hitze 30 Minuten garen.
Beilage: gelber Gewürzreis (Seite 118)

Variante:
Für Potjie können auch andere Fischsorten oder Meeresfrüchte verwendet werden. Bei den Fischen darauf achten, dass das Fleisch fest ist, Seezunge oder Forelle eignen sich nicht.

◆

Currygerichte

◆

◆ Die Pilze putzen und vierteln, die Möhren reiben. Chilis in Streifen, Zwiebeln in Ringe schneiden, Knoblauch hacken.

In einer großen Pfanne Öl erhitzen, Zwiebeln, Knoblauch, Chilis, Kardamom, Pfeffer und Kümmel dünsten. Pilze, Möhren, Tomatenpüree und etwa 100 ml Wasser zugeben. Die Bohnen beifügen und 10 Minuten köcheln. Mit Pfeffer und Salz abschmecken.

Die Pfanne vom Herd nehmen und den Joghurt zugeben. Alles 5 Minuten ziehen lassen, aber nicht mehr kochen. In eine Servierschüssel geben und mit Nüssen dekorieren.

Bohnen-Pilz-Curry mit Joghurtsauce
Bean-Mushroom-Curry with Yoghurt Sauce (indisch)

für 6-8 Personen

500 g Champignons
2 Möhren
3 grüne Chilis
2 Zwiebeln
1 Knoblauchzehe
3 EL Öl
1 Prise Kardamom
1 Prise weißer Pfeffer
1 TL Kümmel
2 gehäufte EL Tomatenpüree
500 g grüne Bohnen
250 g Sojabohnen
Pfeffer, Salz
125 g Joghurt
125 g Walnüsse

Currykartoffeln mit Zwiebeln
Curried Potatoes with Onions (indisch)

750 g Kartoffeln
1 große Zwiebel
1 kleines Stück Ingwerwurzel
1 Knoblauchzehe
50 g Butter
1 TL Currypulver
1 TL Mehl
1 TL Zucker
300 ml Brühe
1 TL Essig

◆ Die Kartoffeln schälen, kochen und in 2 cm dicke Würfel schneiden. Zwiebel und Ingwer klein schneiden, Knoblauch hacken.
Zwiebeln, Knoblauch und Ingwer in Butter glasig dünsten. Die Kartoffeln beifügen und erwärmen. Curry, Mehl und Zucker unterrühren, mit Brühe und Essig auffüllen. 2 Minuten kochen und servieren.
Beilage: ein Chutney

Gemüsecurry
Vegetable Curry

Variante
◆ Am Schluss verschiedene vorgekochte Gemüse beifügen, zum Beispiel Möhren, Sellerie, Broccoli, Blumenkohl, Bohnen, Waterblommetjies. Getrocknete, in Streifen geschnittene Aprikosen zugeben und kurz kochen.
Beilage: Reis und ein Chutney

◆

Reis- und Maisgerichte

◆

◆ Die Papayas schälen, in kleine Würfel schneiden und kochen. Ein Drittel pürieren, den Rest zur Seite stellen.

Den Reis waschen und gut abtropfen lassen. In einem großen Topf mit ½ l Wasser, Kokosmilch, Zimt und Salz zum Kochen bringen, die Hitze reduzieren und alles 20 bis 25 Minuten köcheln. Die Hitze nochmals reduzieren, pürierte und gewürfelte Papayas mit einer Gabel unterheben.

Beilage: Fleisch

Reis mit Papaya und Kokos
Rice with Papaya and Coconut

für 4-6 Personen

750 g Papayas
625 g Reis
½ l Kokosmilch
1 TL gemahlener Zimt

Für Afrikaner gehört der Mealie Pap zum täglichen Essen. Wenn er gar ist, wird er auf ein Holzbrett 1 bis 2 cm dick aufgetragen und serviert.

◆ Das Maismehl in ½ l Salzwasser bei schwacher Hitze 40 Minuten kochen. Mit einem Holzlöffel fortwährend rühren, um eine lockere, krümelige Konsistenz zu erreichen – deshalb wird Mealie Pap auch Krummelpap genannt.

Varianten:
▷ Statt des weißen Maismehls gelbes Maismehl verwenden, wie es für Polenta üblich ist.
▷ 10 Minuten vor Ende der Kochzeit 1 kleine Dose Maiskörner (Sweetcorn) ohne Flüssigkeit zugeben und unter Rühren weitere 10 Minuten kochen.

Weißes Maispap
Mealie Pap (traditionell afrikanisch)

300 g weißes Maismehl

◆ Die Maiskörner mit einem scharfen Messer von den Kolben lösen. Butter zerlassen, Garam Masala, Senfsamen und Maiskörner zugeben, umrühren und braten, bis die Körner aufgehen.

Die Chilis fein schneiden und mit der Milch zugeben, salzen. Köcheln, bis der Mais weich ist – die Milch sollte eingekocht und die Maiskörner trocken sein. Falls nötig, weitere Milch zugießen.

Maiskörner mit Garam Masala
Masala Sweet Corn

6 frische Maiskolben
25 g Butter
2 EL Garam Masala
1 TL Senfsamen
1 grüne Chili
1 rote Chili
100 ml Milch

Boere Pap

2 Tassen weißes Maismehl
2 Zwiebeln
2 Eier
200 g Butter
150 g Speckwürfel
1 Dose Maiskörner
Pfeffer, Salz
100 g Cheddar

Boere Pap wird anstelle von Brot zu gegrilltem Fleisch oder Fisch serviert.

◆ Das Maismehl mit 4 Tassen Wasser 15 Minuten kochen. Währenddessen Zwiebeln hacken, Eier hart kochen, schälen und würfeln. 2 EL Butter zerlassen und die Speckwürfel anbraten. Zwiebeln zugeben und dünsten.
Den Maisbrei mit Speckwürfeln, Zwiebeln, Eiern, Maiskörnern und restlicher Butter vermengen, pfeffern und salzen. Die Mischung auf einem eingefetteten Backblech verteilen und mit Käse bestreuen. Im auf 180° C vorgeheizten Ofen gratinieren, bis die Oberfläche goldbraun ist.
In große Stücke schneiden und servieren.

Gelber Gewürzreis mit Rosinen
Geelrys (kap-malaiisch)

200 g Langkornreis
1 EL Turmeric
1 Zimtstange
2 EL brauner Zucker
100 g Rosinen
2 EL Butter

◆ Reis, Turmeric, Zimt, 1 TL Salz und Zucker mit etwa doppelt so viel Wasser 12 Minuten kochen. Rosinen zugeben und alles weitere 10 Minuten kochen, bis der Reis weich und das Wasser verdampft ist. Die Zimtstange entfernen und mit einer Gabel Butterflocken unterziehen.
Eignet sich gut als Beilage zu Bobotie (Seite 78) und Currygerichten.

Spaltmais
Samp

2-3 Stunden Vorbereitungs- und Kochzeit
für 6-8 Personen

1 kg Spaltmais
200 g Speck
1 kg vorgekochte Augen- oder Chinabohnen

Samp sind am Kolben getrocknete Maiskörner, die in kleinere Teile zerspalten, aber nicht gemahlen werden. In Südafrika verwendet man dafür Mörser und Stößel, in größeren Städten geschieht dies maschinell. Spaltmais ersetzt oft den Reis.

◆ In einem Topf 2 l Wasser mit Spaltmais und Salz zum Kochen bringen, zwei bis drei Stunden weich köcheln. Dann die Stärke ausspülen.
Den Speck fein hacken und in einer Pfanne 3 bis 5 Minuten auslassen. Samp und Bohnen hinzufügen, umrühren, etwas nachsalzen.

In einem Schnellkochtopf gart Samp in etwa einem Drittel der Zeit.

◆

Beilagen

◆

Salate

◆ Die Datteln vierteln und entkernen. Die Zwiebel in Ringe schneiden und in heißem Salzwasser kurz aufkochen. Abgießen und trockentupfen.
Datteln und Zwiebelringe in eine Salatschüssel schichten, etwas Chili auf jede Lage streuen. Den Zucker im Essig auflösen und darüber gießen.

Dattelsalat
Salad of Dates
(kap-malaiisch)

für 6-8 Personen

500 g frische Datteln
1 große Zwiebel
1 TL getrocknete, zerdrückte
    Chili
2 TL Zucker
150 ml brauner Essig

◆ Die Tomaten in dünne Scheiben schneiden und auf Salatblättern anrichten, leicht pfeffern und salzen. Die Zwiebel hacken und darüber verteilen. Die Avocados halbieren, schälen und entkernen. Das Fruchtfleisch in 5 mm dicke Scheiben schneiden und fächerartig auf den Tomaten anrichten. Alles mit Zitronensaft, Essig und Öl beträufeln. Nochmals salzen und mit frisch gemahlenem Pfeffer würzen.

Variante:
Statt Öl und Essig eine leichte, verdünnte Mayonnaise nehmen.

Avocadosalat
Avocado Salad

2 große Tomaten
1 Kopf- oder Eisbergsalat
Pfeffer, Salz
1 kleine Zwiebel
2 Avocados
1 Zitrone (Saft)
100 ml Rotweinessig
100 ml Oliven- oder
    Sonnenblumenöl

Saucen und Pasten

Buttersauce
Special Butter Sauce

1 hart gekochtes Ei
Petersilie
Butter
englischer Senf
Pfeffer
Weißwein
Zitronensaft
Fischsud

◆ Ei und Petersilie fein hacken.
Butter zerlassen und das Ei hineingeben. Etwas Senf, Pfeffer, Petersilie, ein Tropfen Wein und ein paar Tropfen Zitronensaft beifügen, alles mit etwas Fischsud verdünnen.
Die Sauce schmeckt hervorragend zu Kochfisch.

Sauce mit Okra und Mais
Sauce with Okra and Maize

750 g Okraschoten
1 Dose Mais (500 g)
250 g grüne Paprika
250 g Zwiebeln
1 große Knoblauchzehe
1 Dose geschälte Tomaten
   (500 g)
Pfeffer, Salz

◆ Die Okraschoten in Scheiben schneiden. Den Mais pürieren. Die Paprika halbieren und entkernen, das weiße Fruchtfleisch entfernen, die Schote dünn schneiden. Die Zwiebeln fein hacken, den Knoblauch zerdrücken.
In einem großen Topf alle Zutaten vermischen und 15 Minuten köcheln, bis die Okras weich sind.
Beilage: Kartoffeln, Reis, Yamswurzeln oder Kassava

◆ Die Auberginen im Ofen 10 bis 15 Minuten backen, dann häuten und zerdrücken. Zwiebel und Knoblauch hacken, Chili klein schneiden.
Butter zerlassen und die Senfkörner erhitzen, bis sie aufgehen. Zwiebel, Knoblauch und Chili zugeben und dünsten. Abkühlen lassen und den Joghurt beifügen. Auberginenmousse, Salz und Chilipulver zugeben und alles gut vermengen. Mit Kümmel garnieren und kalt stellen.
Schmeckt als Dip zu rohem Gemüse oder mit Toast oder Crackern als Vorspeise.

◆ Zwiebeln und Knoblauch hacken. Mit den übrigen Zutaten in einer Schüssel verrühren. Einige Stunden ruhen lassen.

Auberginenmousse
Brinjal Dip

für 6-8 Personen

2 Auberginen
1 Zwiebel
1 Knoblauchzehe
1 grüne Chili
15 g Butter
1 TL Senfkörner
100 g Joghurt
1 TL Chilipulver
Kümmel

Grillsauce
Braai Sauce

einige Stunden ruhen lassen

1 kleine Zwiebel
1 Frühlingszwiebel
1 Knoblauchzehe
1 TL Honig
1 TL englischer Senf
1 TL Worcestershiresauce
50 ml Rotweinessig
50 ml Olivenöl
200 ml Tomatenketchup
   oder -sauce
Pfeffer, Salz

Malaiische Grill-Marinade
Cape Malay Braai Marinade
(kap-malaiisch)

4 Knoblauchzehen
1 Ingwerwurzel
2 TL Koriander
2 EL Sonnenblumenöl
2 EL Frucht-Chutney
1 TL Salz
1 TL Chilipulver
1 Zitrone (Saft)

Das Fleisch wird vor dem Grillen etwa zwei Stunden in diese würzige Marinade eingelegt und während des Grillens ab und zu mit ihr bestrichen.

◆ Knoblauch und Ingwer hacken. Mit den übrigen Zutaten in einer Schüssel verrühren.

Erdnusssauce
Peanutsauce

200 g Erdnussbutter
2 gehackte Knoblauchzehen
1 TL gehackter Ingwer
1 Prise Kardamom
1 Prise Kümmel
3 Tropfen Tabasco
¼ TL Paprikapulver
Pfeffer, Salz
250 g Joghurt

◆ Alle Zutaten bis auf den Joghurt erhitzen, nicht kochen. Dann den Joghurt unterziehen. Warm oder kalt servieren.
Eignet sich als Sauce zu verschiedenen Fleischgerichten.

Avocado-Sambal
(indisch)

1 große, reife Avocado
250 g Joghurt
1-2 grüne Chilis
10 g frischer Koriander
10 g Zucker
Petersilie

◆ Die Avocado halbieren und entkernen, das Fruchtfleisch aus der Schale heben und pürieren. Den Joghurt zugeben. Chilis und Koriander klein hacken und mit dem Zucker untermengen. Kalt stellen.
Mit etwas Petersilie garnieren.

◆ Die Äpfel schälen, entkernen und würfeln. In etwas Wasser aufkochen, 1 TL Salz zugeben und ziehen lassen, dann die Flüssigkeit auspressen. Die Chili fein hacken, mit Zitronensaft und Zucker zugeben.

Apfel-Sambal
Apple Sambal (indisch)

3 Granny Smith
1 grüne Chili
1 Zitrone (Saft)
10 g Zucker

◆ Die Ananas schälen und in kleine Stücke schneiden. Chilis und Koriander fein hacken, mit Zucker und 1 TL Salz untermengen. Mit Kümmel bestreuen.

Ananas-Sambal
Pineapple Sambal (indisch)

1 Ananas
2 grüne Chilis
frischer Koriander
10 g Zucker
2 TL Kümmel

◆ Tomaten häuten und würfeln, Zwiebeln fein hacken, Paprika entkernen und klein schneiden.
In einer Schüssel alle Zutaten miteinander vermischen.
Schmeckt ausgezeichnet zu einem Reisgericht.

Tomaten-Zwiebel-Sambal
Tomato-Onion-Sambal

4 große Tomaten
2 große Zwiebeln
1 grüne Paprika
1 TL schwarzer Pfeffer
1 TL Salz
1 TL Knoblauchpulver

Eingelegtes Gemüse und Obst

Apfel-Dattel-Walnuss-Chutney
Apple, Date and Walnut Chutney (indisch)

2-3 Wochen ruhen lassen

1 kg saure Äpfel
750 g Datteln
500 g Zwiebeln
100 g gehackte Walnüsse
1 TL gehackter Ingwer
1 TL Cayennepfeffer
Pfeffer, Salz
600 ml Rotweinessig
250 g Zucker

◆ Äpfel schälen und würfeln, Datteln entkernen und in Streifen schneiden, Zwiebeln hacken. Die Zwiebeln in 100 ml Wasser 5 Minuten kochen. Die Äpfel zugeben und 10 Minuten köcheln. Datteln, Walnüsse, Ingwer, Pfeffer, Salz sowie die Hälfte des Essigs zugeben und köcheln, bis die Masse eindickt. Zucker und restlichen Essig beifügen, köcheln, bis das Chutney dick wird. In Einmachgläser füllen und im Kühlschrank zwei bis drei Wochen ruhen lassen.
Das Chutney passt zu allen würzigen Gerichten, aber auch auf Schinken- und Käsebrötchen.

Eingelegte Früchte
Mixed Fruit Pickles (indisch)

1 Woche marinieren

500 g getrocknete Früchte
 (Äpfel, Birnen, Aprikosen,
 Pfirsiche, Mangos)
8 Knoblauchzehen
1 TL englischer Senf
1 TL rotes Chilipulver
¼ l Rotweinessig
1 TL Turmeric
4 TL Salz
¼ l Sonnenblumenöl
4 Gewürznelken
1 EL zerdrückte
 Pfefferkörner
100 ml Fruchtsirup
 (aus der Dose)

◆ Die Früchte in 5 mm breite Streifen schneiden, den Knoblauch halbieren. Senf und Chili mit Essig anrühren, die übrigen Zutaten beifügen. Die Früchte darin einlegen und gut vermischen. In Einmachgläser füllen und im Kühlschrank eine Woche marinieren.
Schmeckt ausgezeichnet zu indischen Gemüse- und Reisgerichten.

◆ Die Perlzwiebeln schälen, die Möhren in dicke Scheiben schneiden, den Knoblauch halbieren. Alle Zutaten gut miteinander vermengen. In Einmachgläser füllen und im Kühlschrank ein bis zwei Wochen ziehen lassen.
Pickles schmecken zu kaltem Fleisch oder Käse.

Variante:
Pickles können mit vielen Gemüsen zubereitet werden. Sie geben jedem eine individuelle Note, etwa Gurken mit Dill, Kohl mit Kümmel, Peperoni mit Estragon.

In Südafrika konserviert man Gemüse oft in gewürztem Öl. Atjar bedeutet eigentlich in Fischöl eingelegtes Obst oder Gemüse, aber man kann durchaus andere Öle benutzen.

◆ Die Fäden der Bohnen entfernen, die Bohnen waschen und der Länge nach in zwei, drei feine Streifen schneiden. Blanchieren und in eine Schüssel geben, 2 EL Salz beifügen und zwei Stunden zur Seite stellen. Dann abtropfen lassen, mit Küchenpapier trockentupfen und in einen Krug legen. Pflanzenöl schwach erhitzen, Curry und Kurkuma einrühren. Chilis und Knoblauch hinzugeben, 2 bis 3 Minuten köcheln. Das Gewürzöl über die Bohnen gießen und eine Stunde auskühlen lassen. Im Kühlschrank zwei bis drei Tage kalt stellen. Schmeckt als Beilage zu Currys oder anderen Hauptgerichten.

Eingelegte Zwiebeln und Möhren
Pickled Onions and Carrots

1-2 Wochen ruhen lassen

500 g kleine Perlzwiebeln
100 g Möhren
2 Knoblauchzehen
4 grüne Chilis
2 TL Salz
1 TL schwarze Pfefferkörner
¼ l Weißweinessig
50 ml Wasser

Eingelegte grüne Bohnen
Atjars (malaiisch-indisch)

2-3 Tage marinieren

1 kg frische grüne Bohnen
¼ l Pflanzenöl
2 El Currypulver
2 EL Kurkuma
2 EL fein gehackte scharfe rote Chilis
2 EL zerdrückter Knoblauch

Brot

Chapati
(indisch)

für 6-8 Stück

600 g Mehl
¼ l Pflanzenöl

Chapati ist ein in der Pfanne gebackenes oder gerös-
tetes flaches Brot. Aus Indien stammend ist es zu ei-
nem festen Bestandteil der Küche im östlichen und
südlichen Afrika geworden. Oft wird es mit Curry
serviert, aber auch mit Gemüse oder Fleisch gefüllt.
Meist bereitet man Chapati auf Vorrat zu; es hält
sich mehrere Tage im Kühlschrank, wenn man es in
Alufolie einwickelt.
Zur Herstellung von Chapati dienen spezielle, sehr
schwere Pfannen, aber auch solche aus Gusseisen eig-
nen sich.

◆ Mehl und 1 TL Salz vermischen, ¼ l Wasser und
die Hälfte des Öls unterrühren und einen weichen
Teig kneten. Den Teig auf einer bemehlten Fläche
3 bis 4 Minuten weiterkneten, in eine eingefettete
Schüssel legen und 30 Minuten zur Seite stellen.
Den Teig in sechs bis acht Kugeln teilen, kreisförmig ausrollen und mit Öl beträufeln. Die Ränder
einschlagen und das Ganze wieder zu Kugeln formen. Diese wiederum zu dünnen, runden Fladen
auswalzen und in einer heißen, mit wenig Öl eingefetteten Pfanne 2 bis 3 Minuten von jeder Seite
ausbacken.
Die Chapati in ein Gefäß legen und das Gefäß sofort mit einem Deckel verschließen, da die Chapati sonst hart und trocken werden.
Chapati eignen sich als Beilage zu einer Currysauce
oder einem Ragout.

◆ Die Maiskörner pürieren und mit den übrigen Zutaten gut vermischen. In einer gebutterten großen Form im Ofen bei 200° C 30 bis 35 Minuten backen.
Das Brot etwa 10 Minuten auskühlen lassen, dann aus der Form stürzen.

Variante:
Den Teig in einer Puddingschüssel über Dampf zubereiten oder in Bananenblätter eingewickelt dämpfen.

◆ Den Mais pürieren, die Eier schaumig schlagen. Alle Zutaten gut miteinander vermischen und in eine gebutterte Form geben. Im auf 200° C vorgeheizten Ofen etwa 30 Minuten backen.
Das Brot in der Form auskühlen lassen.

Brot aus frischem Mais
Bread of Fresh Maize

1½ kg frische Maiskörner
4 TL Backpulver
2 EL Mais- oder anderes
    Pflanzenöl
Salz
nach Geschmack: Zucker

Maismehlbrot
Mealie Bread

375 g Mais aus der Dose
    (Sweetcorn)
2 Eier
500 g weißes oder gelbes
    Maismehl
250 g Mehl
3 TL Backpulver
125 ml frische Milch
125 g Zucker
½ TL Salz
2 EL Pflanzenöl

Süßspeisen und Desserts

◆ Den Kürbis schälen und in wenig Wasser kochen. Den noch heißen Kürbis mit der Erdnussbutter zu einer feinen Paste pürieren. Milch und eine Prise Muskat zugeben, falls der Kürbis nicht süß ist, zuckern. In einem Topf bei schwacher Hitze etwa 5 Minuten dünsten.
Warm als Zwischengericht oder Dessert servieren.

Kürbis-Erdnussbutter-Creme
Pumpkin-Peanutbutter-Creme

für 4-6 Personen

250 g Kürbis
2 EL cremige Erdnussbutter
60 ml Milch
geriebene Muskatnuss
eventuell 2 EL Zucker

◆ Den Kürbis schälen und in wenig Wasser kochen. Zu einem Brei verrühren, mit Salz, Backpulver und Mehl vermischen – die Mischung soll recht weich sein. Das Ei verschlagen, unterziehen und alles gut vermischen.
In einer Frittierpfanne Öl erhitzen und den Brei löffelweise frittieren, bis die Bällchen von allen Seiten braun sind.
Herausnehmen, mit wenig Zucker bestreuen und mit Zitronenscheiben servieren.

Frittierter Kürbis
Pumpkin Fritters

500 g roter Kürbis
2 TL Backpulver
5 EL Mehl
1 Ei
Öl zum Frittieren
Zucker
Zitronenscheiben

◆ Die Eier vorsichtig schlagen und ½ TL Salz zugeben. Das Mehl untermischen und mit wenig Wasser zu einem festen Teig verrühren. Kneten, bis er elastisch wird, und auf einer bemehlten Fläche ½ bis 1 cm dick ausrollen. In dünne Streifen schneiden.
Die Streifen in Milch 15 bis 30 Minuten kochen. In Suppentellern servieren und mit einem Zucker-Zimt-Gemisch bestreuen.

Melkkos

3 Eier
250 g Mehl
Milch
Zucker
gemahlener Zimt

Gebackene Bananen
Baked Bananas

4 sehr reife Bananen
1 Ei
Weißbrotkrumen
Zucker

◆ Die Bananen der Länge nach aufschneiden. In verschlagenem Ei wenden und in Weißbrotkrumen wälzen. Von allen Seiten hellbraun backen. Mit Zucker bestreut servieren.

Warmer Ingwerpudding
Steamed Ginger Pudding

90 g Butter
2 Eier
100 g Mehl
100 g Puderzucker
1 EL geriebener Ingwer
50 g kandierter Ingwer
2 EL Milch

◆ Die Butter schaumig schlagen, die Eier zugeben. Nacheinander das gesiebte Mehl, Puderzucker, Ingwer und Milch langsam unterziehen. Die Masse in eine gebutterte Auflaufform geben, mit Pergamentpapier abdecken und im Wasserbad bei 75° C etwa eine Stunde pochieren.
Warm stürzen.
Beilage: Erdbeer- oder Himbeersauce

Malva Pudding

2 große Eier
200 g Puderzucker
50 g Aprikosengelee
200 g Mehl
1 EL Sodabikarbonat
50 g Butter
150 ml Milch
Weißweinessig

für die Sauce:
200 ml Sahne
100 g Butter
100 g Zucker
100 ml Wasser

◆ Eier und Puderzucker schaumig schlagen, den Gelee unterziehen. Mehl, eine Prise Salz und Sodabikarbonat sieben. Butter und Milch leicht erwärmen.
Abwechselnd Mehl, einen Spritzer Essig und die Butter-Milch-Mischung unter die Eimasse ziehen. In eine gebutterte Gugelhupfform geben und bei 180° C 50 Minuten backen.
Für die Sauce alle Zutaten in einer Pfanne erwärmen, bis sich der Zucker aufgelöst hat – nicht kochen.
Die Form aus dem Ofen nehmen, mit einer Nadel an mehreren Stellen in den Pudding stechen und die warme Sauce darüber gießen.
Stürzen, warm oder kalt servieren.
Beilage: Schlagsahne

◆ Die Datteln in Streifen schneiden, mit Sodabi-karbonat in ¼ l kochendes Wasser geben, aufko-chen. Abschütten und abkühlen lassen.

Butter und Zucker schaumig schlagen, die Eier zu-fügen und zu einer cremigen Masse schlagen. Ge-siebtes Mehl, Backpulver und eine Prise Salz zuge-ben, alles gut einarbeiten. Nüsse sowie Datteln unterziehen und die Masse in eine Backform ge-ben. Im Ofen bei 180° C 40 bis 50 Minuten backen. Für den Sirup 200 ml Wasser, Zucker und Butter kurz aufkochen, Vanilleessenz, eine Prise Salz und Brandy zugeben. Den Sirup über den heißen Ku-chen gießen.

Heiß oder kalt servieren, am besten mit reichlich Schlagsahne.

Brandy Pudding vom Kap
Cape Brandy Pudding

250 g entkernte Datteln
1 TL Sodabikarbonat
130 g Butter
200 g Zucker
3 kleine Eier
250 g Mehl
1 TL Backpulver
100 g gehackte Walnüsse

für den Sirup:
250 g Zucker
20 g Butter
1 TL Vanilleessenz
150 ml Cognac oder Brandy

Traubenmarmelade
Grape Jam

1 kg weiße oder blaue
  Trauben
50 g Zucker (je nach Süße
  der Traube etwas mehr)
2-4 EL Zitronensaft

◆ Die Trauben halbieren und entkernen. Mit 50 ml Wasser etwa 10 Minuten kochen. Zucker und Zitronensaft zugeben, weitere 10 bis 20 Minuten kochen, dabei gelegentlich abschäumen und probieren, ob die Trauben süß genug sind.

Die Masse in Marmeladengläser geben, schließen und sterilisieren. An einem dunklen, kühlen Ort nicht länger als sechs Monate lagern.

◆

Gebäck, Kuchen, Torten

◆

Roly-Poly ist eines der wenigen Gerichte, das die Briten einführten und die Buren mit Enthusiasmus übernahmen.

◆ Gesiebtes Mehl, Backpulver und eine Prise Salz mit der Hälfte der Butter vermengen. Milch und Eier verquirlen und unterkneten, bis ein fester Teig entsteht. Eine Stunde ruhen lassen.
Den Teig auf einer bemehlten Fläche zu einem Rechteck ausrollen. Die Marmelade geschmeidig rühren, eventuell mit wenig Wasser verdünnen und auf den Teig streichen. Den Teig rollen und in eine eingebutterte längliche Kuchenform legen.
Restliche Butter, Zucker und Vanilleessenz in das heiße Wasser geben, über die Teigrolle gießen. Im Ofen bei 180° C eine Stunde backen. Abkühlen lassen.
Beilage: Schlagsahne oder Vanillesauce

Roly-Poly

2 Stunden Vorbereitungs- und Backzeit

250 g Mehl
1 EL Backpulver
50 g Butter
30 ml Milch
1-2 kleine Eier
150 g Aprikosenmarmelade
200 g Zucker
1 TL Vanilleessenz
300 ml heißes Wasser

◆ Butter, Ei, Eigelb und eine Prise Salz vermischen, Mehl und Zucker einarbeiten, eventuell wenig Milch zugießen. Den Teig etwa zwei Stunden kühl stellen.
Für die Creme Butter und Zimt in der Milch aufkochen. Eine Prise Salz zugeben, die Zimtstange entfernen.
Vanillepulver, Maisstärke, Mehl und die Hälfte des Zuckers mit etwas kalter Milch anrühren, in die heiße Milch geben und aufkochen, bis die Mischung eine cremige Konsistenz hat. Den Topf vom Herd nehmen.
Eiweiß steif schlagen und den restlichen Zucker zugeben. Eigelb und einen Spritzer Mandelessenz in die warme Creme rühren. Erkalten lassen und das steif geschlagene Eiweiß vorsichtig unterziehen.
Eine runde Backform (etwa 28 cm Durchmesser) mit Butter ausstreichen. Den Teig ausrollen, hineinlegen und einen Rand formen. Die Creme auf dem Teig verteilen. Bei 180° C 20 bis 25 Minuten backen. Abkühlen lassen und mit Zimt bestreuen.

Rahmtorte
Milktart

60 g weiche Butter
1 Ei
2 Eigelb
125 g Mehl
60 g Zucker
eventuell etwas Milch

für die Creme:
10 g Butter
1 Zimtstange
½ l Milch
1 EL Vanillepulver
1 EL Maisstärke
1 EL Mehl
100 g Zucker
3 Eiweiß
3 Eigelb
Mandelessenz
gemahlener Zimt

Sherry-Biskuitdessert
Sherry Trifle

2-3 Stunden ruhen lassen

1 fertiger Biskuitboden (etwa
    20-25 cm Durchmesser)
200 ml Sherry
4-5 EL Erdbeerkonfitüre
100 g gehackte Haselnüsse
400 ml Vanillepudding
200-300 ml Schlagsahne
zum Dekorieren:
    Mandelsplitter,
    Cocktailkirschen,
    Orangenschnitze

◆ Den Biskuitboden in eine hohe Glasschale legen und mit reichlich Sherry beträufeln, der Boden soll richtig feucht sein. Mit Konfitüre bestreichen und mit Nüssen bestreuen.
Vanillepudding zubereiten – kurz bevor er anzieht, auf dem Biskuitboden verteilen. Im Kühlschrank zwei bis drei Stunden ruhen lassen.
Mit Schlagsahne und gerösteten Mandelsplittern, Cocktailkirschen oder fein geschnittener Orangenschale dekorieren.

Herzoggies

30 g Butter
50 g Zucker
3 Eier
1 TL Vanilleessenz
500 g Mehl
etwas Milch

für die Füllung:
3 Eiweiß
250 g Zucker
300 g Kokosraspel
Aprikosenmarmelade

◆ Butter und Zucker schaumig schlagen, Eier und Vanilleessenz einarbeiten. Mehl und eine Prise Salz zugeben, mit etwas Milch zu einem festem Teig verarbeiten. Eine Stunde ruhen lassen. Den Teig 5 mm dick ausrollen, kreisförmig ausstechen und in kleine gebutterte Tarteletteformen drücken.
Für die Füllung Eiweiß und Zucker steif schlagen, die Kokosraspel unterrühren. 1 TL Marmelade auf jeden Teigboden geben und mit der Kokosmasse halb füllen. Bei 190° C 15 Minuten backen, bis der Boden knusprig und die Füllung goldbraun ist.

◆ Die Eier trennen, das Eiweiß steif schlagen. Gesiebtes Mehl, Backpulver und eine Prise Salz vermengen. Eigelb schaumig schlagen, Zucker und Zitronensaft zugeben. Das Mehl einrühren und zuletzt das steife Eiweiß vorsichtig unterziehen. Ein rechteckiges Blech mit Backpapier auslegen, die Masse gleichmäßig etwa 1 cm dick darauf verteilen und im Ofen bei 200° C knapp 10 Minuten backen.
Ein Tuch ausbreiten, mit Zucker bestreuen und den Biskuitboden darauf stürzen. Das Backpapier abziehen. Mit der Marmelade bestreichen und im warmen Zustand von der schmalen Seite her gleichmäßig rollen. Eventuell mit Puderzucker bestreuen.

Variante:
Für die Füllung Erdbeer-, Himbeer- oder eine andere Marmelade verwenden – oder Schlagsahne.

◆ Käse und Butter schaumig schlagen. Mehl, Pfeffer und Salz mischen und zugeben. Zwiebel, Chilis und Speck hacken, mit dem Ei unterrühren. Eine Stunde ruhen lassen.
Den Blätterteig ausrollen und die Masse 5 mm dick darauf streichen. In Portionen schneiden und auf ein mit Backpapier ausgelegtes Blech legen. Bei 200° C 12 bis 15 Minuten aufbacken. Auskühlen lassen.
Schmeckt kalt oder warm als Snack zum Aperitif oder als Beilage zu einem knackigen Salat.

Biskuitrolle
Swiss Roll

4 Eier
100 g Mehl
½ TL Backpulver
100 g Zucker
½ Zitrone (Saft)
Aprikosenmarmelade
nach Geschmack:
    Puderzucker

Blätterteiggebäck mit Chili
Chilli Bites (kap-malaiisch)

250 geriebener Cheddar
110 g Butter
120 g Mehl
Cayennepfeffer
1 Frühlingszwiebel
1-2 Chilis
50 g Speck
1 Ei
250 g Blätterteig

Kürbispfannkuchen
Pumpkin Pancake

für etwa 24 Stück

500 g Kürbis
5 EL Mehl
2 TL Backpulver
1 Ei
Butter
Zucker
gemahlener Zimt
Zitronenscheiben

Südafrika ist bekannt für seine Vorliebe für Kürbis.

◆ Den Kürbis in wenig Wasser kochen. Pürieren und mit Mehl, Backpulver und einer Prise Salz zu einem weichen Teig vermengen. Das Ei schaumig schlagen und unterrühren, den Teig fest schlagen. Die Butter zerlassen, den Teig esslöffelweise hineingeben und die Pfannkuchen von beiden Seiten goldbraun backen.
Herausnehmen und warm stellen. Vor dem Servieren mit einem Zucker-Zimt-Gemisch bestreuen und mit Zitronenscheiben garnieren.

Koeksisters

2 Stunden ruhen lassen

500 g Mehl
30 g Backpulver
60 g Butter
2 Eier
300 ml Milch
Öl zum Frittieren

für den Sirup:
400 ml Wasser
800 g Zucker
1 EL gehackter Ingwer
2 Zimtstangen

◆ Für den Sirup alle Zutaten in einen Topf geben und 5 Minuten kochen. Abkühlen lassen und in den Kühlschrank stellen.
Gesiebtes Mehl, Backpulver und eine Prise Salz mit der Butter verkneten, bis der Teig krümelig wird. Eier und Milch vermischen und einarbeiten. Alles 2 Minuten zu einem weichen Teig kneten. Im Kühlschrank abgedeckt zwei Stunden ruhen lassen.
Den Teig zu 8 mm dicken und 20 cm langen Streifen ausrollen. In der Mitte falten, drei- bis viermal »zöpfeln«, die losen Enden zusammenpressen. In Öl bei 190° C 2 bis 3 Minuten ausbacken. Auf Küchenpapier abtropfen lassen.
Noch warm in den kalten Zuckersirup legen, nach 30 Sekunden herausnehmen und auf einem Gitter abtropfen lassen.

Dies Maisgebäck haben die Tsonga entwickelt, ein Volk im Grenzraum von Südafrika, Simbabwe und Mosambik; in Simbabwe heißen sie Shangaan.

◆ 100 ml Wasser, Öl und Zucker vermengen, Eier hineinschlagen. Weizen- und Maismehl hineinsieben, eine Prise Salz zugeben und alles zu einem festem Teig verarbeiten. Falls nötig, etwas Wasser zugießen.
Nussgroße Bällchen formen und auf ein eingefettetes Blech legen. Bei mittlerer Hitze 20 Minuten goldbraun backen.
Mit Tee servieren.

◆ Das Mehl vermengen, mit Butter, Zucker und Salz verkneten. Die Eier aufschlagen, mit 1 bis 2 Tassen Wasser zugeben und alles zu einem festen Teig verarbeiten. Den Teig 2 cm dick ausrollen, Plätzchen ausschneiden und auf ein eingefettetes Blech legen. Bei mittlerer Hitze 20 Minuten goldbraun backen.

◆ Zucker und Butter schaumig rühren. Gesiebtes Mehl, Erdnüsse und eine Prise Salz zugeben, alles zu einem festen Teig verarbeiten. Den Teig ausrollen, Plätzchen ausschneiden und auf ein eingefettetes Blech legen. Bei mittlerer Hitze 20 Minuten goldgelb backen.

Erdnüsse können in der Kaffeemühle gemahlen werden.

Maisgebäck
(traditionell afrikanisch)

5 EL Öl
50 g Zucker
2 Eier
70 g Weizenmehl
200 g Maismehl

Erdnuss-Bohnen-Biskuits
(traditionell afrikanisch, nach Art der Tsonga)

200 g Bohnenmehl
200 g Erdnussmehl
150 g Weizenmehl
100 g Butter
3 EL Zucker
3 Eier

Erdnussplätzchen
Peanut Cakes
(traditionell afrikanisch, nach Art der Tsonga)

4 EL Zucker
4 TL Butter
70 g Weizenmehl
150 g gemahlene Erdnüsse

Milchtörtchen
Melk Tart

für 20-25 Stück

750 g feines Mehl
125 ml sehr kaltes Wasser
    oder Eiswasser
2 EL Zitronensaft
1 Eigelb
250 g kalte Butter

für die Füllung:
½ l Milch
1 EL Butter
1 kleine Zimstange
2 EL Mehl
2 EL Maisstärke
4 Eier
275 g Zucker
2 TL gemahlener Zimt

◆ Für den Teig Mehl und ¼ TL Salz gut vermischen. Kaltes Wasser, Zitronensaft und Eigelb mit einer Gabel in das Mehl treiben. Den Teig auf einer bemehlten Fläche leicht kneten, etwa 1 cm dick ausrollen und mit der geraspelten Butter bestreuen. Den Teig von beiden Seiten her zur Mitte hin zusammenrollen, wieder ausrollen. Dies fünf- bis sechsmal wiederholen, bis sich die Butter völlig aufgelöst hat. Den Teig in Folie wickeln und bis zu einer Stunde, mindestens aber 30 Minuten kalt stellen.

Für die Füllung die Eier trennen. 70 ml Milch zur Seite stellen. Die übrige Milch mit Butter und Zimtstange vorsichtig aufkochen, zum Beispiel im oberen Einsatz eines Dampfkochers, ¼ TL Salz zugeben.

Mehl und Maisstärke mit der zur Seite gestellten Milch vermischen, wenn nötig, etwas heiße Milch zugießen. Zur kochenden Milch rühren und unter ständigem Rühren weiter erhitzen, bis die Mischung so dickflüssig ist, dass sie an einem Löffelrücken haften bleibt. Die Zimtstange entfernen, den Topf vom Herd nehmen, die Eier trennen.

125 g Zucker und das Eigelb unterrühren. Das Eiweiß zu steifem Schnee schlagen und unter die Creme heben.

Kleine Förmchen mit dem Blätterteig auslegen und die Füllung hineingießen. Bei 200° C 10 Minuten backen. Die Hitze auf 180° C reduzieren und weitere 5 bis 10 Minuten backen, bis sich die Füllung gesetzt hat. Aus dem Ofen nehmen, Zimt und restlichen Zucker mischen und darüber streuen.

Weltmeister-Menü, Vorspeise: Cape Malay Stuffed Crayfish Tail – Gefüllter Langustenschwanz mit Gewürzen der Kapmalaien, auf zwei Saucen angerichtet und begleitet von einem Gemüse-Sambal (siehe Seite 149 f)

Weltmeistermenü, Hauptgang: Medaillon of Impala with Wild Boar Sausage on a
Portwine Sauce – Impalamedaillon mit einer Wildschweinmousse mit Macadamianuss
und Waldpilzen, begleitet von einer Wildschweinwurst an einer Portweinsauce
(siehe Seite 151 f)

Weltmeistermenü, Nachspeise: Bakes Elgin Apple with an Iced Chocolate Parfait –
Gebackene Apfelschnitze auf Zimtbiskuit mit Bitterschokolade-Parfait (siehe Seite 153)

◆ Butter und 125 g Zucker cremig verrühren und das Ei darunter schlagen. In einer anderen Schüssel Mehl, Backpulver, Zimt und ¼ TL Salz gut vermischen. Zur Butter-Zucker-Mischung geben und leicht kneten. Den Teig auf einer bemehlten Fläche etwa 1 cm dick ausrollen. Das Eigelb schlagen und auf dem Teig verstreichen, mit dem restlichen Zucker bestreuen. Die Mandeln auf dem Teig verteilen und leicht mit der Hand eindrücken. Den Teig in schmale, etwa 1½ cm breite und 20 cm lange Streifen schneiden und Kringel in Form einer Acht bilden. Die Kekse auf eingefettetes Backpapier legen. Im vorgeheizten Ofen bei 200° C 8 bis 10 Minuten backen.

Die Kekse vorsichtig vom Papier heben und auf einem Gitter abkühlen lassen. Sie halten sich in einer gut verschlossenen Dose bis zu zwei Wochen.

Kringelkekse
Krakelinge

für etwa 12 Stück

250 g Butter
185 g Zucker
1 Ei
750 g Mehl
1 TL Backpulver
1 TL gemahlener Zimt
1 Eigelb
125 g fein gehackte Mandeln

Ystervarkies

1 fertiger Biskuitboden
200-300 g Schokoladen-
   kuvertüre
50 ml Brandy
200 g Kokosraspel

◆ Den Biskuitboden in 2 bis 3 cm große Würfel schneiden. Die Kuvertüre im Wasserbad schmelzen, den Brandy zugeben. Die Biskuitwürfel darin wenden und mit den Kokosraspeln panieren. Kalt stellen.
Im Kühlschrank aufbewahren und servieren, wenn die Schokolade noch kalt und knackig ist. Dazu Kaffee reichen.

◆

Das Weltmeister-Menü

◆

Oft werden Gerichte weltberühmt, ihre »Erfinder«, die Köchinnen und Köche, aber bleiben unbekannt oder geraten schnell in Vergessenheit. Kaum jemand ahnt, wie viel Schweiß und Fleiß, Kreativität und Talent, Idealismus und Freude, Arbeit und Entbehrung dahinter stecken. 1992 errang die südafrikanische Kochnationalmannschaft bei der Kocholympiade in Frankfurt den ersten Platz, eine hoch angesehene Auszeichnung. Die Köche haben uns ihr Menü und dessen Zubereitung verraten.

Das Weltmeister-Menü

Vorspeise
Gefüllter Langustenschwanz mit Gewürzen der
Kapmalaien
Cape Malay Stuffed Crayfish Tail
auf zwei Saucen angerichtet und begleitet von
einem Gemüse-Sambal

Hauptgang
Impalamedaillon mit einer Wildschweinmousse
mit Macadamianuss und Waldpilzen, begleitet
von einer Wildschweinwurst an einer
Portweinsauce
*Medaillon of Impala with Wild Boar Sausage on a
Portwine Sauce*
dazu eine spezielle Polenta und ein Gemüse-
bouquet

Nachspeise
Gebackene Apfelschnitze auf Zimtbiskuit mit
einem Bitterschokolade-Parfait
Baked Elgin Apple with an Iced Chocolate Parfait
serviert mit einer Orangensauce

◆ Für das Sambal die Tomate häuten und mit
Gurke und Kürbis in 1 mm kleine Würfel schneiden, den Knoblauch hacken. Alles mit Zitronensaft, Garam Masala und Zitronenpfeffer vermengen und mindestens zwei Stunden ruhen lassen.
Das Sambal kann kalt oder lauwarm serviert werden.
Für die Marinade alle Zutaten miteinander vermischen.
Den Rücken der Langustenschwänze zur Hälfte
einschneiden und den Darm entfernen. Für die
Farce Langustenreste – Fleisch, das beim Schälen
angefallen ist, sowie An- und Abschnitt – und

Vorspeise

Gefüllter Langustenschwanz mit Gewürzen der Kapmalaien
Cape Malay Stuffed Crayfish Tail

4 Langusten- oder
Hummerschwänze
100 g Dorsch
Pfeffer, Salz
1 TL Garam Masala

für das Sambal:
1 Tomate
½ Gurke
150 g Kürbis
½ Knoblauchzehe
½ Zitrone (Saft)
1 Prise Garam Masala
1 Prise Zitronenpfeffer

für die Marinade:
1 TL gehackter Ingwer
1 TL gehackter Knoblauch
1 TL gehackte Minzblätter
1 EL Olivenöl

für die Langustensauce:
Langustenschalen
20 ml Öl
100 g Gemüsewürfel (Lauch,
  Zwiebeln, Sellerie)
20 g Tomatenmark
50 ml Brandy
100 ml Weißwein
1 l Fischfond
10 g Fenchel
1 Lorbeerblatt
10 Pfefferkörner
Mehl
Butter

für die Kokossauce:
150 ml Sahne
50 g geriebene Kokosnuss

Dorschfilet fein hacken und durch ein Haarsieb streichen. Mit Pfeffer, Salz und Garam Masala abschmecken. Die Schwänze mit einem Teil der Farce füllen und mit der Marinade bepinseln. Etwas Farce in vier gebutterte Pastetenformen oder kleine Kaffeetassen geben.

Für die Langustensauce die Schalen grob zerhacken und in etwas Öl rösten, bis sie eine rote Farbe annehmen. Die Gemüsewürfel separat in Öl anrösten. Das Öl abgießen, Gemüse und Tomatenmark zu den Langustenschalen geben. Mit Brandy flambieren, Wein zugießen und auf die Hälfte einkochen. Fischfond, Fenchel, Lorbeer und Pfefferkörner beifügen, alles eine Stunde kochen. Durch ein feines Sieb passieren und kurz kochen. Abschmecken. Mehl und Butter gut vermischen und in kleinen Flocken zum Abbinden in die Sauce geben.

Für die Kokossauce Sahne und Kokosraspel 5 Minuten köcheln. Den Topf vom Herd nehmen und 20 Minuten ziehen lassen. Absieben und so viel Flüssigkeit wie möglich aus den Kokosraspeln herauspressen. Die Sauce kochen, bis sie schön sämig ist.

Die Formen mit den Langustenschwänzen mit Alufolie zudecken und in einen flachen, mit 2 bis 3 cm warmem Wasser gefüllten Topf stellen. Im Ofen bei 120° C 10 bis 15 Minuten pochieren.

Auf einen warmen Teller 3 TL Sambal geben. Mit der Hummersauce einen großen Spiegel gießen, mit der Kokossauce darauf einen kleinen. Die Langustenschwänze in der Mitte anrichten.

◆ Die Schnitzel in Grenadine über Nacht marinieren. Am nächsten Tag trockentupfen, mit Pfeffer und Salz würzen.
Für das Wildschweinmousse Fleisch und Speck fein pürieren – möglicherweise übernimmt dies der Metzger – und mit den Gewürzen vermengen. In einer Schüssel auf Eis das Wildschweinmousse mit Pilzen, Likör, Sahne und Nüssen vermengen. Abschmecken und die Schnitzel gleichmäßig damit bestreichen.
Für die Wildschweinwürste Früchte und Nieren in kleine Würfel schneiden. Mit den übrigen Zutaten im Mixer zerkleinern, den Darm damit füllen und 10 cm lange Würste abtrennen.
Für die Sauce die Knochen im heißen Ofen in einer Kasserolle 30 Minuten gut anbraten. Die Gemüsewürfel separat in Öl anrösten. Das Öl abgießen, Gemüse und Tomatenpüree zu den Knochen geben. Mit Rotwein ablöschen und auf die Hälfte einkochen. Portwein und Gewürze beifügen, mit Wildfond und Crème de Cassis auffüllen und im Ofen drei Stunden köcheln.
Für die Kartoffel-Mais-Küchlein das Maismehl in 200 ml Wasser mit Salz unter ständigem Rühren 15 Minuten kochen. Mit dem warmen Kartoffelpüree vermengen, das Ei unterziehen. Spinat, Lauch und Speck zugeben, mit Pfeffer, Salz und Muskat abschmecken. Auf einem Blech 3 bis 4 cm dick ausstreichen und erkalten lassen. Mit einem runden Ausstecher (etwa 10 cm Durchmesser) pro Person zwei Halbmonde ausstechen, auf ein eingefettetes Blech legen, mit Butter bestreichen und im Ofen 5 bis 10 Minuten goldgelb backen.
Für die Gemüsebeilage Butter zerlassen und die Gemüse kurz anbraten, pfeffern und salzen, Ingwer und Zitronenschale zugeben.
Die Medaillons im Ofen und die Würste in einer Pfanne braten. Auf einem weißen Teller einen Saucenspiegel anrichten, Medaillons und halbierte Würste darauf legen, mit Gemüse und Kartoffel-Mais-Küchlein garnieren.

Hauptgang

Impalamedaillon mit einer Wildschweinmousse mit Macadamianuss und Waldpilzen, begleitet von einer Wildschweinwurst an einer Portweinsauce
Medaillon of Impala with Wild Boar Sausage on a Portwine Sauce

4 Impalaschnitzel (je 90 g)
100 ml Grenadine
100 g Wildschweinmousse
10 g Pilze (Champignons, Steinpilze, Pfifferlinge)
1 TL Van der Hum Liqueur oder Grand Marnier
50 ml Sahne
20 g geröstete, gehackte Macadamianüsse

für das Wildschweinmousse:
250 g Wildschweinfleisch
50 g roher Speck
je 1 Prise Pfeffer, Salz, Koriander, Thymian, geriebene Muskatnuss, gestoßener Wacholder, Gewürznelkenpulver, Knoblauchpulver

für die Wildschweinwürste:
20 g getrocknete Früchte
30 g gekochte Nieren (Wild oder Kalb)
100 g Wildschweinmousse
je 1 Prise geriebene Muskatnuss, Kardamom, Paprika
Pfeffer, Salz
50 cm Darm

für die Sauce:
1 kg Wildknochen
100 g Gemüsewürfel (Lauch,
   Zwiebeln, Sellerie)
Öl
1 EL Tomatenpüree
100 ml kräftiger Rotwein
100 ml Portwein
1 TL Wacholderbeeren
1 kleines Stück Zimtstange
1 kleiner Thymianzweig
1 kleiner Salbeizweig
½ l Wild- oder Kalbsfond
50 ml Crème de Cassis

für die Kartoffel-Mais-
   Küchlein:
100 g weißes Maismehl
150 g Kartoffelpüree
1 Ei
80 g frischer Spinat, blanchiert und fein gehackt
20 g Lauchgrün, blanchiert
   und gewürfelt
30 g geräucherter Schinken,
   in Würfel geschnitten
Pfeffer, Salz
geriebene Muskatnuss
20 g Butter

für die Gemüsebeilage:
300 g verschiedene Gemüse
   (Möhren, weiße Rüben,
   Gurken, Zucchini,
   Schwarzwurzeln, Broccoli,
   Blumenkohl), knackig
   vorgekocht und dekorativ
   geschnitten
80 g Butter
Pfeffer, Salz
1 TL geriebener Ingwer
1 TL geriebene
   Zitronenschale

Varianten:
▷ Das Fleisch der Impala, einer Antilopenart,
durch Schnitzel von Springbock oder Reh ersetzen.
Durch das Marinieren wird der Wildgeschmack etwas gedämpft. Wird statt Impala Fleisch verwendet,
das nicht so stark schmeckt, sollte man auf das Marinieren verzichten.
▷ Statt der Grenadine das Fruchtfleisch einer Papaya pürieren und mit 100 ml Buttermilch mixen.

Der Name »Elgin Apple« bezieht sich auf die in der Kapprovinz gelegene Region Elgin, wo hauptsächlich Äpfel kultiviert werden.

◆ Für das Parfait das Ei trennen. Das Eiweiß mit 2 EL Zucker steif schlagen, das Eigelb mit 2 EL Zucker und Kaffeepulver schaumig rühren. Gelatine in Wasser auflösen und zum Eigelb geben. Kuvertüre schmelzen (nicht erhitzen) und ebenfalls zum Eigelb rühren. Eiweiß und Sahne vorsichtig unterziehen. In kleine Auflaufformen füllen und gefrieren lassen.

Für die Sauce die Orangen mit Schale in Stücke schneiden, mit Wein, Zucker und Orangensaft 5 Minuten kochen. Passieren, mit Maisstärke binden und erkalten lassen.

Für den Teig Butter und Zucker schaumig schlagen, gesiebtes Mehl, Zimt und Ei einarbeiten. Den Teig 2 bis 3 mm dick ausrollen und Kreise (etwa 8 cm Durchmesser) ausstechen. Im Ofen bei 180° C etwa 10 Minuten backen.

Für die Füllung das Eiweiß mit etwas Zucker und der Butter steif schlagen, das Eigelb mit 120 g Zucker und einer Prise Salz schaumig rühren. Gesiebtes Mehl untermengen, Eiweiß vorsichtig unterziehen. Mit einem Spritzbeutel auf die Teigböden spritzen.

Die Äpfel schälen, vierteln und in dünne Scheiben schneiden. Auf der Spritzmasse anrichten, mit Zitronensaft beträufeln, mit Zucker bestreuen. Im Ofen bei 200° C 5 bis 10 Minuten backen.

Die warmen Biskuitböden auf einem Teller anrichten, Schokoladen-Parfait darauf setzen und nach Wunsch mit Schlagsahne, Schokoladenraspeln oder Früchten garnieren. Die kalte Orangensauce rund herum gießen und mit Früchten oder Beeren dekorieren.

Nachspeise

Gebackene Apfelschnitze auf Zimtbiskuit mit Bitterschokolade-Parfait
Baked Elgin Apple with an Iced Chocolate Parfait

für das Parfait:
1 Ei
4 EL Zucker
1 TL lösliches Kaffeepulver
2 g Gelantine
100 g dunkle Kuvertüre
200 ml Schlagsahne

für die Sauce:
2 ungespritzte Orangen
100 ml Weißwein
2 EL Zucker
200 ml frischer Orangensaft
1-2 EL Maisstärke

für den Teig:
200 g Butter
100 g Zucker
300 g Mehl
1 EL gemahlener Zimt
1 Ei

für die Füllung:
4 Eiweiß
Zucker
20 g Butter
5 Eigelb
100 g Mehl
2 säuerliche Äpfel
½ Zitrone (Saft)

zum Garnieren:
Schlagsahne
Schokoladenraspel
Früchte, Beeren

Rezeptregister

Stichwortregister

In der Reihe »Gerichte und ihre Geschichte« erschienen in gleicher Ausstattung:

Magdi und Christine Gohary,
Brahim Lagunaoui
◆ Arabisch kochen

Stefan Ullmann
◆ Australisch kochen

Moema Parente Augel
◆ Brasilianisch kochen

Brigitte und Elmar Engel
◆ Indianisch kochen

Madhur Jaffrey
◆ Indisch kochen

Jürgen Schneider
◆ Irisch kochen

Elisabeth Veit
◆ Kanarisch kochen

Birgit Kahle
◆ Kubanisch kochen

Beate Engelbrecht, Ulrike Keyser
◆ Mexikanisch kochen

Ketselah Wubneh-Mogessie
◆ Ostafrikanisch kochen

Parvin Vormweg
◆ Persisch kochen

Márcia Zoladz
◆ Portugiesisch kochen

Jojo Cobbinah, Holger Ehling
◆ Westafrikanisch kochen

…außerdem:
Jacob Blume
◆ Mit Lust die Welt verschlingen
  Die sinnliche Küche Afrikas

Die Reihe wird fortgesetzt.
Bitte fordern Sie unseren aktuellen Katalog an:

Verlag Die Werkstatt
Lotzestraße 24a
D-37083 Göttingen
www.werkstatt-verlag.de
E-Mail: werkstatt-verlag@t-online.de